A Força Mágica da Mediunidade na Umbanda

Jamil Rachid

A Força Mágica da Mediunidade na Umbanda

MADRAS®

© 2022, Madras Editora Ltda.

Editor:
Wagner Veneziani Costa (*in memoriam*)

Produção e Capa:
Equipe Técnica Madras

Revisão:
Ana Paula Luccisano
Arlete Genari

Dados Internacionais de Catalogação na Publicação
(CIP)(Câmara Brasileira do Livro, SP, Brasil)

Rachid, Jamil
A força mágica da mediunidade na umbanda/Jamil Rachid. – São Paulo: Madras Editora, 2022.

ISBN 978-65-5620-047-7

1. Mediunidade 2. Umbanda (Culto) – Rituais I. Título.

22-112411 CDD-299.60981

Índices para catálogo sistemático:
1. Umbanda: Religião afro-brasileiras   299.60981
Eliete Marques da Silva – Bibliotecária – CRB-8/9380

É proibida a reprodução total ou parcial desta obra, de qualquer forma ou por qualquer meio eletrônico, mecânico, inclusive por meio de processos xerográficos, incluindo ainda o uso da internet, sem a permissão expressa da Madras Editora, na pessoa de seu editor (Lei nº 9.610, de 19/2/1998).

Todos os direitos desta edição reservados pela

MADRAS EDITORA LTDA.
Rua Paulo Gonçalves, 88 – Santana
CEP: 02403-020 – São Paulo/SP
Tel.: (11) 2281-5555 – (11) 98128-7754
www.madras.com.br

Índice

Palavra do Autor 11

Introdução 13

Capítulo I – Mediunidade: Sua Definição
e Classificação – Quanto à Natureza
Quanto ao Fenômeno 17

Definição de Vários Tipos de Mediunidade 20

    Lucidez 20

    Telepatia 20

    Vidência 20

    Psicometria 21

    Audição ou Mediunidade Auditiva 21

    Intuição 21

    Incorporação 22

    Mediunidade de Efeitos Físicos 24

    Levitação 25

    Transportes 25

    Tiptologia 25

Materialização 26

Voz Direta 26

Capítulo II – Desenvolvimento Mediúnico...............................29

Capítulo III – Sintomas da Mediunidade 33

Capítulo IV – Os Estágios da Mediunidade 35

ESTÁGIO I 35

Medo 35

Doença 37

Doenças de Fundo Espiritual 38

Doenças de Fundo Físico 38

Epilepsia 39

Histeria 39

Histero-Epilepsia 39

Psiconeurose 39

Oligofrenia 40

Manifestações Espontâneas de Entidades Espirituais 40

Tonturas 40

Fraqueza do Anjo de Guarda 41

ESTÁGIO II 41

O Sacrifício Material 42

Corrente 44

ESTÁGIO III 46

ESTÁGIO IV 50

Capítulo V – Síntese dos Estágios de
Desenvolvimentos Mediúnicos 55
Capítulo VI –Mediunidade Curadora 59
Capítulo VII – Fenômenos Paralelos à Mediunidade 63
Capítulo VIII – Compêndio/Definições 67
    Perispírito ou Duplo Etérico 67
    Chacras 68
        Função 69
        Chacra Básico 69
        Chacra Esplênico 69
        Chacra Umbilical 70
        Chacra Cardíaco 70
        Chacra Laríngeo 70
        Chacra Frontal 70
        Chacra Coronário 71
        Centros Etéricos 72
        Tela Atômica 73
        Aura 73
        Fluido 73
        Ectoplasma 73
        Energia Cósmica 74
        Passes 74
        Prana 74
        Conclusão 74

Capítulo IX –Médiuns Umbandistas – Seus Deveres 77

Capítulo X – Doutrina dos Anjos Guardiães 83

    Valor da Prece 83

    Algumas Providências que Podem Ajudar a

    Melhor Vibração Magnética Durante o Sono...................86

    Como Fortalecer Seu Anjo da Guarda ao

    Deitar e ao Levantar 86

    Outros Deveres do Médium para com Seu

    Anjo da Guarda..87

    Dias que o Médium Deve Respeitar Durante

    a Semana 90

        Segunda-feira..90

        Sexta-Feira 92

    A Prece 94

        Prece para a Segunda-Feira..94

        Prece para a Sexta-Feira...95

        Prece para a Viagem...96

Capítulo XI – Obsessões...99

    Vampirismo 105

Capítulo XII – Ritual de Umbanda......................................107

    Pontos Cantados..107

    Pontos Riscados 108

    Banhos...109

    Defumação 110

Capítulo XIII – Lei da Criação Universal 113

Epílogo 119

Irmão Umbandista 121

Apêndice – Um Pouco de História 123

    Templo Espiritualista de Umbanda
São Benedito 123

    A Umbanda Honesta, Digna e Cristã 128

    Vale dos Orixás 140

    Caro Leitor 144

Palavras do Autor

Este trabalho se destina a despertar a consciência dos médiuns, desenvolvendo-lhes noções de autorresponsabilidade, apelando para um sentido redencionista relativo às suas tarefas, incitando-os a que adotem a humildade umbandística e a reforma íntima como agentes e catalisadores do seu próprio equilíbrio mediúnico.

Mantendo esse estado interior, de aspirações elevadas, os médiuns abrirão, na medida de seus próprios esforços, as portas acolhedoras e benevolentes dos planos espirituais superiores.

Não é nosso intento ou pretensão esgotar um tema que, em si mesmo, é inesgotável e complexo; mas sim doar, em forma de singela contribuição, aquela pequena parcela de conhecimento adquirido ao longo dos anos, pela prática e pelo estudo.

Cabe-nos agradecer, desde já, ao plano cósmico-espiritual a oportunidade desta humilde obra, e rogar a Orixalá (Deus) inúmeras bênçãos a todos os irmãos umbandistas, que intensamente trabalham na grande seara mediúnica.

Fazemos votos para que os bondosos Orixás mostrem a todos os médiuns a sublimidade das leis divinas e concedam-lhes saúde, sabedoria, luz e força, assegurando-lhes a nobre execução da tarefa mediúnica, no campo terrestre.

Salve Orixalá! Salve todos os Orixás e as falanges que trabalham para o Bem.

SALVE A UMBANDA!

Introdução

Os fenômenos espirituais são velhos como o mundo. Já dizia Aristóteles: "O homem é um ser eminentemente religioso". Vasculhando nos tempos, o passado histórico nos mostra que a crença na sobrevivência depois da morte era indiscutível entre os primitivos: o defunto continua a viver fisicamente como o mesmo ser, sob uma forma preta ou branca ou também como animal ou globo de fogo; em todo o caso, de maneira a continuar a existir e a poder aparecer.

A alma é coisa diferente, muitas vezes apresentada como algo impessoal, que pode passar de um ser para outro. As moléstias são tidas como consequência de ataques de insetos nocivos ou de influência maligna de alguém. A pedra é estimada como símbolo da solidez e do poder. Fórmulas mágicas são murmuradas ao se praticar qualquer ato para assegurar o êxito. Demônios vivem em diversas partes do corpo, no hálito, na saliva, no minuto que corre, etc. Assim, o homem primitivo queria exceder-se a si mesmo e dominar os demônios. Queria esconjurar os animais, estrelas, pedras, possuí-los, interpretá-los. Acreditava que se os animais possuem poder mágico, se eles já têm influência sobre a vida e precisam ser aplacados por meio de sacrifícios, tanto mais deve ser o poder mágico possuído pelo fogo, pela chuva, por nuvens, rochas, águas, árvores e folhas. Quão grande é o seu poder de domínio sobre os destinos do indivíduo que a eles, por isso, na sua angústia e ânsia, o referido homem quer conjurar e aplacar.

A terra, o céu noturno, o milho e os lírios, como qualquer outra qualidade de flor, as estrelas e as florestas, as fontes e o arvoredo são deuses.

Cada clã, casa, aldeia ou cada família tem os seus deuses. Os antepassados são também adorados. Devem ajudar aos vivos, têm poder sobre a vida e a saúde de seus descendentes; por isso, eram oferecidos sacrifícios, para predispô-los favoravelmente. Esse culto dos antepassados é tão antigo que na China, há 3 mil anos a.C., era usada uma prancheta nas cerimônias mortuárias para receber as palavras do morto, dirigidas a seus descendentes. O culto dos antepassados era também fundamental no Japão e em outros países orientais.

Nas civilizações antigas, a História nos mostra como na Índia, Pérsia, Egito, Grécia e Roma a mediunidade foi usada como fonte de dominação e poder, concedida por meio da iniciação a certas pessoas de determinadas seitas e fraternidades. Nessa época, a mediunidade teve papel preponderante na vida pública e política das nações, pois nenhum chefe concluía decisões importantes sem uma consulta prévia a videntes, astrólogos e oráculos. Os próprios Césares romanos eram submissos às aspirações e aos conselhos dos "deuses".

A Bíblia por sua vez, no Velho Testamento, patenteia o valor das manifestações espirituais por meio dos profetas, que nada mais foram que médiuns audientes, clarividentes e inspirados.

Para exemplificar, citaremos o profeta Samuel, no cap. IX, vers. 9, que demonstra o que referimos quando diz: "Dantes, quando se ia consultar a Deus dizia-se: vamos ao vidente, porque os que hoje se chamam profetas chamavam-se videntes".

Podemos lembrar ainda a consulta feita por Saul ao espírito de Samuel, na gruta de Endor (1 Samuel, 28).

Moisés, o grande legislador, proibiu o seu povo de consultar os chamados mortos, pelo abuso que o povo fazia dessa prática.

O Novo Testamento traz-nos, com Jesus Cristo, um acatamento e um respeito maior pela humanidade. Ele anunciou a vinda do Espírito Santo, o consolador prometido, quando disse a seus discípulos: "Se me amais, guardai os meus mandamentos. E eu rogarei ao Pai, e Ele vos dará outro Consolador, para que fique eternamente convosco o Espírito da Verdade, a quem o mundo não pode receber, porque não o vê, nem o conhece. Mas vós o conhecereis, porque Ele ficará convosco, estará entre vós. Mas o Consolador, que é o Espírito Santo, a quem o Pai enviará, em meu nome, vos ensinará todas as coisas, e vos fará todas as coisas, e vos fará lembrar de tudo o que tenho dito" (João, XIV: 15 a 17; 26).

O Espiritismo veio depois, no tempo assinalado, cumprir as promessas de Cristo. Chama os Homens à observância da Lei Divina. Ensina todas as coisas, fazendo compreender o que Cristo só disse em parábolas.

O próprio dia de Pentecostes (50 dias após a morte de Jesus) mais não significou do que a outorga das faculdades mediúnicas a seus apóstolos e discípulos. Quando estavam reunidos no cenáculo, comentando a passagem do Mestre, todos atemorizados, sentem a impressão de um vento forte e veem como que línguas de fogo sobre suas cabeças, começando, de repente, cada um a falar em línguas diferentes – aquilo a que hoje chamamos de Xenoglossia, médium que tem a faculdade de dar mensagens em idiomas diferentes do seu.

Sentimos uma *inteligência diretora* em toda essa evolução histórica da mediunidade, e os Guias do Mundo estão, na época atual, acelerando o seu trabalho, a fim de que se cumpra tudo o que foi anunciado desde os profetas até Jesus Cristo. Que a vontade do Pai Maior, em relação ao orbe terrestre, se realize com toda a plenitude, e possa a Terra ascender, dentro da evolução dos mundos, a um mundo de regeneração.

Esse é o trabalho dos abençoados Pretos-Velhos, nossos Guias espirituais. Promovendo a reeducação espiritual da humanidade, necessitam de médiuns (cavalos) de Umbanda que se afirmem realmente como mensageiros do Mundo Superior, a vontade suprema de Orixalá, o Arquiteto Divino.

Dentro dessa avaliação, e com esse espírito, sentimos fundamentalmente a necessidade de endereçar aos médiuns um apelo de coração: que façam da sua mediunidade uma verdadeira missão de paz, de luz e de amor. Que a grandeza da renúncia e da compreensão possa aliar também o mérito do conhecimento por meio de um estudo cuidadoso do que representa a mediunidade e, principalmente, do que representa ser médium praticante de Umbanda.

Que nosso Pai Oxalá abençoe a grande seara espiritual da nossa amada, ponderada e querida Umbanda.

Possamos nós, dignamente, levantar a bandeira branca de Oxalá, servindo de humildes instrumentos às nossas Entidades espirituais, a fim de que a paz reine em nosso amado Brasil e no mundo inteiro, realizando a verdadeira Fraternidade Universal, havendo um só rebanho e um só Pastor!

Jamil Rachid

Capítulo I

Mediunidade: Sua Definição e Classificação – Quanto à Natureza – Quanto ao Fenômeno

DEFINIÇÃO: Entendemos por mediunidade a faculdade inerente a determinadas pessoas, cuja organização psíquica assegura possibilidades de percepção hiperfísica, isto é, o intercâmbio entre o mundo material e o mundo espiritual.

Toda pessoa que sente, num grau qualquer, a influência dos Espíritos é, por isso mesmo, médium, o que quer dizer mediário do plano espiritual. Em quase todas as pessoas se encontram alguns princípios de mediunidade. Entretanto, essa qualificação se aplica, especialmente, a todos aqueles cuja faculdade mediúnica é claramente caracterizada, e se traduz por efeitos patentes e uma certa intensidade, o que depende de um organismo mais ou menos sensitivo.

CLASSIFICAÇÃO DA MEDIUNIDADE: Estabelecemos essa classificação focalizando dois pontos:

1º Quanto à sua natureza;

2º Quanto ao fenômeno.

QUANTO À SUA NATUREZA: A mediunidade pode ser: Mediunidade Natural e Mediunidade de Prova.

MEDIUNIDADE NATURAL: Assim consideramos quando ela se constitui em uma conquista definitiva do indivíduo, decorrente da sua evolução moral e espiritual.

À medida que o ser evolui, dilata-se a percepção espiritual, desenvolvendo-se, automaticamente, suas faculdades psíquicas.

Essa situação é ainda ideal, a ser atingida pelos Homens – no tempo – por meio de sucessivas reencarnações e burilamento espiritual.

A INTUIÇÃO é a sua forma mais avançada e perfeita. Por meio dela, existem o conhecimento das coisas espirituais e o intercâmbio direto com o Plano Espiritual, sem trabalho mediúnico obrigatório.

MEDIUNIDADE DE PROVA: É a mais generalizada. Consiste na outorga, ou seja, no empréstimo de determinadas faculdades psíquicas, a fim de que o indivíduo, por acréscimo da misericórdia Divina, possa ressarcir, num mais curto espaço de tempo, seus débitos do passado. Funciona como um voto de confiança dos Senhores do Carma em relação ao espírito encarnado.

Não é uma posse definitiva, mas precária, dependendo do nosso livre-arbítrio ou demérito, em face do compromisso assumido.

É uma tarefa individualizada, que obriga a prática mediúnica como cooperação compulsória em resgate cármico.

Prestaremos atenção a esses fatores, porque a maior parte dos médiuns está engajada nessa situação.

São várias as passagens do Evangelho que ressaltam a caridade como meio de purificação.

Recordemos: "A caridade apaga uma multidão de pecados..."; "Fora da caridade, não há salvação."

Inseridos nesse contexto, todos os médiuns de prova, com tarefas definidas, lograrão o seu resgate espiritual por meio da aceitação humilde de suas faculdades.

Sabendo que muito será pedido a quem muito foi dado, distribua em abundância cada um de seus dons mediúnicos em favor de seu irmão necessitado.

QUANTO AO FENÔMENO: Classificamos a mediunidade da seguinte forma:

1 – Lucidez

2 – Incorporação

3 – Efeitos físicos

Na LUCIDEZ se incluem:

a – telepatia

b – vidência

c – psicometria

d – audição

e – intuição

Na INCORPORAÇÃO, que pode ser total ou parcial, se registram:

a – manifestações orais e escritas

b – sonambulismo

Nos EFEITOS FÍSICOS, incluímos fenômenos de:

a – materialização

b – curas

DEFINIÇÃO DE VÁRIOS TIPOS DE MEDIUNIDADE

LUCIDEZ

Por lucidez se entende a faculdade pela qual os médiuns podem ver, ouvir e conhecer além dos sentidos comuns e dos limites vibratórios da luz e do som, naturais ao mundo físico.

As percepções espirituais não dependem dos sentidos físicos, mas de um sentido interno – Intuição – de grande poder, contudo pobremente desenvolvido, ainda, no homem atual.

É um fenômeno de difícil explicação, porque transcende cada dimensão dos sentidos físicos. São vibrações de natureza diferente, não perceptíveis pelos sentidos físicos. Digamos assim que está ligado a um conhecimento quadridimensional.

TELEPATIA

É a faculdade pela qual o médium consegue captar ideias e pensamentos, que tanto podem ser de um encarnado como de um de sencarnado.

VIDÊNCIA

É a chamada visão hiperfísica. São mediunidades encontradas nos indivíduos que têm a visão nítida e segura de trabalhos físicos, e de outros, em execução no astral.

O médium também pode ver quadros, símbolos, paisagens, entidades animais e humanas, normalmente invisíveis aos sentidos físicos. Essas imagens, a que acabamos de nos referir, são formadas com o auxílio dos fluidos pesados, fornecidos pelos médiuns e assistentes.

A mediunidade de vidência, para fins de estudo, pode ser discriminada em três formas:

1 – vidência ambiente ou local;

2 – vidência no espaço;

3 – vidência no tempo.

PSICOMETRIA

É a capacidade que determinados médiuns possuem de descreverem situações pertinentes a alguém desconhecido, desde que sejam colocados diante de um objeto relacionado a esse alguém.

Ex.: Uma pessoa leva um objeto de seu uso pessoal a um médium desse tipo. Por meio do objeto, o médium particulariza situações inerentes à vida passada dessa pessoa, podendo até diagnosticar as necessidades espirituais e materiais do seu presente.

Isso porque os fatos relacionados com a vida de objetos, indivíduos ou coletividades são gravados indelevelmente na luz astral, em registros etéricos, e se arquivam em lugares ou repartições apropriados do espaço, podendo ser consultados ou revelados a espíritos interessados na rememoração do passado.

AUDIÇÃO OU MEDIUNIDADE AUDITIVA

Ocorre o mesmo que na mediunidade anterior no que se refere às ondas sonoras – que são percebidas pelos médiuns, em grau vibratório acima do compatível com o ouvido humano.

INTUIÇÃO

É aquela voz, aquele sentimento interior que nos fala com tanta força que nos faz obedecer sem dúvidas, sem vacilações.

É o que regularmente se chama de "sexto sentido". A intuição é uma luz clara, é a Verdade Cósmica que existe em nosso "EU" em forma de potencial, e que nos coloca em ligação direta com Deus.

Enquanto a ciência é a razão, a intuição é a Fé.

O ser humano funciona em três planos: físico, mental e espiritual. O plano espiritual corresponde à intuição, e só ela abarca a realidade maior da vida – Deus.

Entretanto, a fim de que não caiamos jamais numa crença cega, sem a análise do conteúdo, ouçamos a lição de Alexis Carrel acerca da intuição, em seu livro *O Homem, esse Desconhecido*:

"As descobertas da intuição devem ser sempre desenvolvidas pela lógica. Tanto na vida corrente como na ciência, a intuição é um meio de adquirir conhecimentos de grande poder, mas perigosos.

Por vezes, é difícil distingui-la da ilusão.

Aqueles que só por ela se deixam guiar estão expostos ao erro. Mas aos grandes homens, ou aos simples de coração puro, pode ela conduzir aos mais elevados cumes da vida mental e espiritual".

INCORPORAÇÃO

É a mediunidade que mais comumente se observa. Ela nos faculta o entendimento direto com os Espíritos, a fim de recebermos seus conselhos e suas orientações. As Entidades enviam seus fluidos sobre a parte mental do médium, sobre o sistema nervoso e sobre os membros superiores e inferiores.

Na Umbanda, o médium denomina-se "cavalo" quando oferece incorporação a Caboclos, Pretos-Velhos e Iaras. De "burro", quando trabalha com Exus.

No Kardecismo, o médium é chamado de "aparelho".

Cumpre assinalar que, dentro da Mediunidade de Incorporação, há três graduações, a saber: inconsciente, semiconsciente e consciente.

INCORPORAÇÃO INCONSCIENTE: O médium é totalmente hipnotizado pela Entidade. Totalmente dominado por ela. Diz-se, então, incorporação total.

INCORPORAÇÃO SEMICONSCIENTE: A ação da Entidade é menos intensa. Tem menos graduação.

INCORPORAÇÃO CONSCIENTE: A ação da Entidade é ainda mais moderada que na anterior. Logo, não há incorporação total, mas corresponde a uma das graduações do mesmo fenômeno mediúnico.

O médium consciente pode, inclusive, receber melhores vibrações. A questão em si é que há médiuns de todas as capacidades. O mais importante mesmo é que os médiuns, seja qual for o grau de sua mediunidade, transmitam as vibrações cósmicas benéficas a todos os necessitados.

Esse trabalho de canalização de vibrações, feito por meio da abertura mediúnica – independentemente do grau de Mediunidade –, é de grande proveito para os Espíritos de Luz que desempenham sua missão aqui na Terra. Representa grande evolução para Eles, na Espiritualidade.

Dentro da incorporação, como referimos anteriormente, incluímos também: as manifestações orais e escritas; e o sonambulismo.

Nas manifestações ORAIS e ESCRITAS, enfocamos também a PSICOGRAFIA, que é uma forma de incorporação parcial. O Espírito comunicante utiliza-se do braço e da mão do médium, colocados à sua disposição, permanecendo o médium quase sempre em estado consciente ou semiconsciente.

A situação mais favorável, nessa mediunidade, é quando a Entidade comunicante consegue a completa insensibilidade do braço do médium, que pode ser usado por longo tempo, sem sentir cansaço.

É por meio dessa Mediunidade que os Mentores Espirituais têm dado ao mundo uma vasta literatura espiritual, como ocorreu no caso do nosso saudoso e querido irmão Francisco Cândido Xavier.

No SONAMBULISMO, diremos que o médium age sob a influência de seu próprio espírito.

É o seu espírito que durante o sono, ao se desprender da matéria, vê, ouve e percebe fora dos limites físicos. O que ele diz são coisas tiradas de si mesmo, mas suas ideias são, em geral, mais justas e mais claras, porque percebe as coisas em maior estado de liberdade espiritual. Vive até certo ponto, por antecipação, a vida dos espíritos.

MEDIUNIDADE DE EFEITOS FÍSICOS

Os médiuns de efeitos físicos são mais aptos a produzirem fenômenos materiais, fornecendo fluidos para os movimentos de corpos inertes, barulhos, materializações, etc.

Nessa mediunidade, o MÉDIUM NÃO É O AGENTE, não é o produtor de fenômenos, mas unicamente um elemento que fornece parte dos fluidos necessários à produção de fenômenos. Dizemos parte dos fluidos porque há também a necessidade de outros fluidos que o médium não possui, os quais são retratados de outras fontes.

Essa forma de efeitos físicos é a mediunidade em que fenômenos objetivos se revelam, envolvendo elementos materiais pesados, permitindo exame direto, do ponto de vista científico. Nessas manifestações, o médium pode permanecer em transe ou completamente desperto, caso esse em que ficará colocado na posição de espectador.

De tais FENÔMENOS FÍSICOS, os mais importantes são:

a – Levitação

b – Transportes

c – Tiptologia

d – Materialização

e – Voz direta

LEVITAÇÃO

Refere-se ao o fato de as pessoas ou coisas serem erguidas no ar, sem o auxílio exterior, de caráter material, contrariando assim, aparentemente, a Lei da Gravidade.

Muitas hipóteses já foram aventadas para explicar o fenômeno, inclusive da "força psíquica possuída pelo médium", mas o que realmente se dá é que os Espíritos operantes envolvem as pessoas ou coisas a levitar em fluidos pesados, isolando-os portanto do ambiente físico, sobre o qual se exerce normalmente a lei do peso. Assim isoladas, tais pessoas ou coisas podem, então, ser facilmente manejadas em qualquer sentido.

TRANSPORTES

São os médiuns que podem servir de auxiliares para os Espíritos trazerem objetos materiais. Esses transportes podem se dar em presença e a distância.

No primeiro caso, as pessoas ou coisas são levantadas e levadas de um lado para outro, no próprio local da sessão; no segundo, são transportadas de fora para dentro da sessão.

TIPTOLOGIA

São aqueles médiuns cuja presença favorece os barulhos e as pancadas. Nessa classe de fenômenos, tomamos como exemplo as MESAS FALANTES. Verifica-se que ocorrem casos de levitação parcial que facilitam as pancadas ou batidas com os pés da mesa. O emprego dessas mesas, usadas até há pouco tempo, passou da época, sendo utilizados diversos tipos de aparelhos mecânicos; entre outros, os que consistem num mostrador contendo o alfabeto ou quaisquer outros sinais convencionados, sobre os quais se move, apontando os sinais gráficos, um ponteiro ultrassensível, e nele agem os Espíritos comunicantes. Os "Raps", pancadas sobre móveis, etc., são obtidos pelos Espíritos mediante a condensação de fluidos pesados, que são projetados sobre as superfícies visadas.

Os Espíritos produzem esses efeitos, seja para assinalar sua presença e desejo de se comunicarem com alguém, seja para demonstração de sessões de estudos, seja ainda para satisfazer intuitos malsãos de perturbar os encarnados.

MATERIALIZAÇÃO

Para a produção desse fenômeno, o Espírito operante, tendo conseguido tirar do médium, dos assistentes e do ambiente que lhe é próprio o volume necessário do fluido denso, combina-o com o fluido mais fino, oriundo do plano Espiritual, condensa-o ao ponto que basta para revestir com ele o Perispírito do Espírito que vai manifestar-se, tornando-se, assim, visível aos olhos materiais.

Em graus mais avançados, o "fantasma" se mantém íntegro, durante tempo relativamente longo, tornando-se perfeitamente tangível e oferecendo à análise direta do observador todos os fenômenos do materialismo fisiológico.

O caso mais notável de materialização, vamos dizer, em longo prazo, foi estudado e descrito pelo sábio inglês William Crookes, que, operando com a médium Miss Cook, teve sob seu controle e análise, durante alguns anos, o espírito materializado de Katie King.

Nesse femomeno, incluem-se também os casos de materialização luminosa em que os fluidos empregados são mais próprios do Mundo Espiritual.

VOZ DIRETA

Existem Espíritos que em vez de falarem incorporados em um médium, ou usando os processos telepáticos já estudados, fazem-no diretamente por meio de um aparelho vocal, improvisado, no plano visível. Modalidades desse fenômeno são os assovios, o canto, etc.

Para sua produção, é utilizada, em geral, pelos Espíritos, a matéria plástica fluídica denominada Ectoplasma.

# Capítulo II

Desenvolvimento Mediúnico

Essa expressão, tão geralmente empregada em relação à mediunidade, tem várias significações.

DESENVOLVER significa: dar seguimento, ampliar, fazer crescer as faculdades intelectuais.

Aplicada à mediunidade, consistirá em ajudar a manifestação de faculdades psíquicas, auxiliar sua expansão, orientá-las, educá-las, envolvendo, assim, providências de natureza intelectual, moral e técnica.

NATUREZA INTELECTUAL: É aquela que obriga o médium a se instruir na doutrina, da qual deverá ser um exemplificador, uma presença capacitada, e não um agente inculto, que age por fé cega e fanática.

CARÁTER MORAL: É um dos fatores mais importantes e essenciais do ser humano para obter pleno êxito no campo da mediunidade.

É aquele que exige evangelização, reforma íntima, para fazer do médium um expoente de bom comportamento, assegurando-lhe a comunhão permanente com as esferas elevadas, dando-lhe autoridade moral por meio da exemplificação pessoal.

CARÁTER TÉCNICO: Trata-se do adestramento das faculdades, para que o médium saiba agir com eficiência, adquira a flexibilidade mediúnica e autocontrole em todas as circunstâncias.

Esses três setores correspondem aos três aspectos – filosófico, científico e religioso – que caracterizam a mediunidade na Umbanda.

O fato de haver necessidade de desenvolvimento mediúnico implica que também deve haver uma época certa, apropriada ao seu início.

Existe uma ordem cronológica de TEMPO UNIVERSAL, como se tem observado ao longo dos anos, a nos indicar que tudo o que vem aflorar a natureza é sintonizado e regulado cosmicamente. Por exemplo: o nascimento do ser humano.

Jamais dois seres humanos NASCEM no mesmo instante, em Tempo Universal; esse fato ou coincidência somente poderá se dar em um horário terrestre. Seria como procurar duas folhas iguais da mesma espécie em nosso planeta.

Como um fruto amadurece na época correta, a faculdade mediúnica surge em tempo certo, de acordo com os compromissos assumidos nos planos etéricos.

A época mais oportuna e comum, para a explosão mediúnica, é normalmente na juventude, quando as forças orgânicas estão em plena expansão, e o indivíduo dispõe pela frente de um crescimento corporal e de ampla vitalidade.

Todavia, regra geral, a consolidação da faculdade só virá a acontecer pela meia-idade, quando o ser humano, já amadurecido pelo convívio e pela experiência da vida, aprimorou seu interior, dando fornecimento evolutivo à matéria por meio de lutas e do sofrimento.

À medida que há a velhice, as forças orgânicas vão declinando, e com o amortecimento da vida física, as faculdades mediúnicas vão se restringindo.

Assim é o processo da VIDA. Tudo nasce, cresce, atinge gradativamente o seu clímax para depois fenecer.

O desenvolvimento mediúnico, ou preparação mediúnica, depende muitíssimo da matéria do indivíduo e de sua forma de vida. De acordo com o sistema, ele é destinado pelos Orixás a um grau e tipo de mediunidade, oscila de três a sete anos.

Não existe um tempo rigorosamente previsto e fixo. Cada pessoa é um caso (o indivíduo deve dar TEMPO AO TEMPO para que este lhe MOSTRE *que é* TEMPO).

É importante ressaltar que não são todos os médiuns que possuem a missão de um SACERDÓCIO na Umbanda, os quais são conhecidos normalmente como Chefes de Terreiros (Pais ou Mães Espirituais).

Estes são os ESCOLHIDOS no Campo Astral pelos Orixás para sacerdote:

Pai Espiritual ou Sacerdote, Mãe Espiritual ou Sacerdotisa, os quais têm a incumbência dessa responsabilidade; são pessoas de uma formação espiritual muito elevada. Eles já nascem e vêm ao planeta Terra com uma missão definida de grande responsabilidade espiritual; no seu crescimento, na infância e adolescência, até ficarem adultos e amadurecidos para essas funções, são dirigidos, controlados e orientados pelas Entidades e pelos Orixás, obrigados a viver com determinadas reservas na vida material, perante a coletividade em geral.

Devemos levar sempre em consideração que o médium já desenvolvido, ou aquele que foi iniciado no ritual de Umbanda, nunca poderá se comparar a qualquer pessoa comum. Sendo ele um intermediário do Campo Cósmico, deve permanecer em sintonia com os Planos Superiores, a fim de servir de receptáculo de forças positivas e ser uma fonte distribuidora delas. O desenvolvimento mediúnico visa transformar o médium num templo destinado a receber seus Orixás.

A crença do médium deve rejeitar a animosidade entre as diferentes religiões e aceitar a igualdade dos homens perante os Orixás, a liberdade de consciência e tolerância mútua, em vez da fé cega que aniquila a liberdade de pensar.

A fé inabalável na Umbanda é somente aquela que pode se encarar face a face, em todas as épocas, desde a sua criação no território brasileiro. Para ter fé é necessário que o médium umbandista tenha uma base de inteligência perfeita no que deve crer; para crer, não basta ver, precisa compreender, precisa sentir, pois a fé cega não é mais deste século, embora na Umbanda muitas vezes verifiquemos hoje em dia que o dogma da fé cega está produzindo um maior número de incrédulos.

Capítulo III

Sintomas da Mediunidade

A Umbanda repousa na prática da mediunidade, e não há um só umbandista que discorde do conceito de mediunidade. Seu ritual é *magia branca*, destina-se à prática do bem, a qual foi trazida para o Brasil pelos negros africanos. Embora saibamos que, na verdade, magia não tem cor; o que existe é a finalidade e a intenção da magia.

Na crença negra, nada se opera sem o concurso dos espíritos. Estes acodem todas as necessidades por intermédio de seus sacerdotes, revelando as causas do segredo cósmico das enfermidades e de tudo mais que se queira saber. Os médiuns são os instrumentos mediúnicos de que os Espíritos se servem para, por meio da incorporação, fornecerem as citadas revelações.

Esses cultos milenares de bases africanas, tendo em nossa terra sua continuidade, desencadearam todos os tipos de mediunidade hoje encontrados na Umbanda, cujos fenômenos passaremos a estudar. Enfocamos seu mecanismo, sua estrutura íntima, toda a sintomatologia que lhe é peculiar, visando esclarecer nossos irmãos de fé no que concerne ao verdadeiro mediunato, para que eles procurem desenvolver-se de forma benigna e sensata, qualquer que venha a ser sua mediunidade em nosso território dentro da lei de Zambi, sob a bandeira branca de nosso Pai Oxalá.

Quando ocorre a eclosão das faculdades mediúnicas, normalmente o médium começa a receber sinais e advertências, os quais se manifestam de diversas maneiras, mas quase sempre por meio de influências espirituais, perturbações nervosas e psíquicas, que tendem a chamar o indivíduo para o início da prova. O médium, nessa fase, fica sempre muito problemático e apresentando problemas que a medicina comum não pode resolver.

Recomendamos, portanto, que quando o indivíduo venha a sentir estágios dessa natureza, mesmo não acreditando ou ainda que não tenha fé, ele ou seus familiares recorram a uma consulta espiritual, procurando um Templo de Umbanda de idoneidade reconhecida.

Os incidentes dolorosos que caracterizam a fase inicial se prendem ao fato de que a mediunidade em nosso planeta é, regra geral, resgate ou prova.

Para efeitos de aprendizagem, esquematizamos quatro estágios fundamentais no capítulo seguinte.

Capítulo IV

Os Estágios da Mediunidade

ESTÁGIO I

Corresponde ao período da DECISÃO.

Nessa primeira fase, o médium acusa, frequentemente, as seguintes características que determinam a sua sensibilidade:

a) Medo

b) Doença

e) Entidade Manifestante

d) Tonturas (não confundir com ataque de epilepsia)

e) Fraqueza de Anjo da Guarda

MEDO

É característico de excessivo cuidado do médium consigo mesmo. Sendo um sensitivo, percebe, em sua vida atormentada, que ele é uma pessoa diferente das demais. O receio do desconhecido e o próprio envolvimento das forças negativas, com as quais se encontra comprometido, desesperam-no e o colocam arredio diante de uma possível ajuda espiritual.

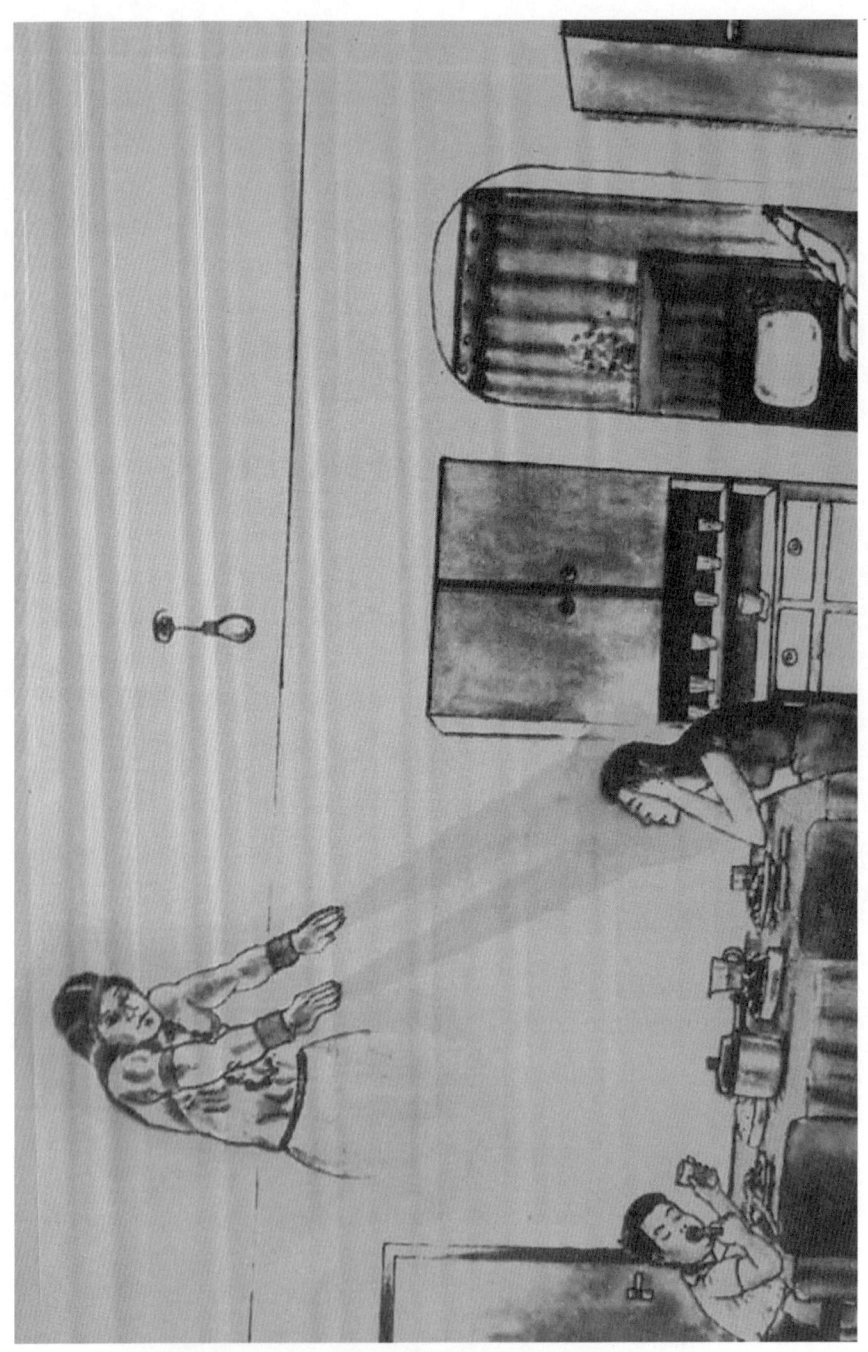

*Estágio I – Uma das várias formas de manifestação mediúnica:
a pessoa sente tonturas.*

Muitas vezes, sozinho, não consegue superar seus temores. Torna-se indispensável o apoio da família, devolvendo-lhe a autoconfiança e a fé, para que ele vença seus medos interiores.

A atitude mais conveniente a ser tomada pelos elementos que se propõem a auxiliar o médium sob esse impacto, elementos que tanto podem ser os familiares como o próprio Sacerdote ou Pai Espiritual, será a de desenvolver diálogos com conteúdo doutrinário, passando informações corretas sobre a questão mediúnica, selecionando, dessa forma, uma porção de estímulos reativantes para a força de vontade do médium.

Desse modo, operam-se positivamente nessa área todos os bloqueios inibidores de uma decisão construtiva. O médium começará a relaxar, esquecendo todas as suas tensões. A confiança em si mesmo voltará a brilhar, e a esperança na ajuda dos outros lhe trará conforto novamente, facilitando assim o tratamento espiritual adequado.

DOENÇA

É outro transtorno que afeta o psicossomático do médium em seu estágio inicial. O sistema nervoso fica muito abalado em decorrência da hipersensibilidade do indivíduo, diminuindo automaticamente suas defesas orgânicas.

Sendo o corpo humano o santuário do espírito encarnado, é por meio dele que o espírito executa suas atividades no mundo físico, havendo entre ambos uma interligação permanente e direta. Por essa razão é que em todos os casos de natureza espiritual, tais como efeitos mediúnicos, o primeiro setor do organismo a manifestar irregularidades ou perturbações é o sistema nervoso, porque a atividade psíquica do espírito solicita em demasia a atividade física que, para corresponder às solicitações referidas, vibra aceleradamente, de forma anormal, num ritmo que não é o seu, esgotando em pouco tempo suas energias de reserva.

Particularmente na fase inicial da mediunidade, as características são mais acentuadas. Cabe, entretanto, ao Sacerdote saber usar um criterioso discernimento, para que simples perturbações psíquicas ou emocionais não sejam confundidas com manifestações mediúnicas. Convém assinalar que, dentro da sintomatologia pertinente à fase inicial, existem duas ordens de problemas fundamentais, referidas a seguir:

DOENÇAS DE FUNDO ESPIRITUAL

Elas visam justamente chamar a atenção do médium para a necessidade de desenvolvimento, a fim de que este seja realizado em tempo oportuno e de forma adequada.

Com o desenvolvimento mediúnico, tudo cessará e o indivíduo se tornará absolutamente normal, como qualquer outro, desde que cumpra com seus deveres mediúnicos. Nessa fase, é comum o médium não se tornar apenas o responsável pelas enfermidades que o afetam, mas ainda ser a causa de sérias perturbações familiares por meio de uma interferência de forças espirituais, que serão sanadas submetendo-se o médium ao desenvolvimento regular da mediunidade.

Muitas vezes, as Entidades, encontrando resistência no próprio interessado, usam pessoas afins, já que dentro da parentela existe o carma familiar, devendo-se momentaneamente uns se sacrificarem pelos outros. Se o médium for obstinado e a enfermidade se tornar persistente, a doença, que inicialmente era transtorno de fundo espiritual, evoluirá para estados graves, até irremediáveis. Estão nesses casos os diversos tipos de loucura existentes nos internados em hospitais psiquiátricos. Está estatisticamente provado que 45% dos pacientes internados em sanatórios deveriam ser sujeitos a tratamento espiritual, por seus distúrbios se fundamentarem em atuações espirituais provenientes de mecanismos obsessivos.

DOENÇAS DE FUNDO FÍSICO

Existem as que são ligadas ao panorama cármico individual, referentes a dívidas do passado. Nessas doenças, a medicina não obtém êxito integral, por não poder deter a Lei espiritual.

No quadro das doenças de fundo físico, enquadram-se as que são devidas a circunstâncias ocasionais. São todos aqueles desajustes passageiros do organismo, quando ferida a harmonia da natureza, que possuem dentro da medicina recursos e êxitos naturais. Dentro de um assunto tão vasto, enfatizamos, por acharmos relevantes, os muitos casos de perturbações mentais cuja sintomatologia não pode nem deve ser confundida com presságio de mediunidade. Tentaremos focalizar a sintomatologia desses casos, para que cada um de nós aprenda a posicionar seu discernimento dentro do diagnóstico mediúnico.

EPILEPSIA

Assim entendemos toda moléstia nervosa cerebral, manifestada de repente, de tempos em tempos, com convulsões violentas de certa duração, com perda súbita dos sentidos ou da mobilidade geral. Essas convulsões são retraimentos involuntários dos músculos, também chamados de espasmos.

HISTERIA

Expressa a ideia de útero, e é uma doença nervosa comum em mulheres.

HISTERO EPILEPSIA

É outra doença nervosa em que o paciente sofre espasmos acompanhados de convulsões, às vezes, sem perda da consciência, equivalente ao transe mediúnico autêntico, em que a personalidade invisível se aproveita dos estados emotivos mais intensos para acentuar a própria influenciação.

PSICONEUROSE

São casos de diagnose extremamente difícil na classificação, entregues aos mais obscuros quadros mentais, para muitas vezes se arrojarem à loucura completa.

OLIGOFRENIA

Pessoas com necessidades especiais e casos de Disritmia apresentam uma problemática complexa, que torna difícil a sua diagnose espiritual.

A discriminação dessas doenças visa à orientação, particularmente aos Pais e às Mães Espirituais, evitando muitos erros, infelizmente vigentes em nossos Santuários de Umbanda, por falta de um conhecimento correto de quais sejam os sintomas indicadores de mediunidade positiva.

Estabelecida a diferenciação entre as doenças de fundo espiritual e as de fundo físico, resta-nos o aconselhamento em relação ao primeiro caso. E mais uma vez advertimos em particular aos Pais e às Mães Espirituais de Templos de Umbanda, dizendo que no caso de doenças por influenciação espiritual, o indivíduo, antes de iniciar seu desenvolvimento, deve ser socorrido com especial cuidado por um tratamento espiritual que poderá ser efetivado por meio de preces, passes, frequência aos trabalhos espirituais nos locais determinados, às sessões mediúnicas ou giras e, se houver necessidade, submetido a trabalho especial para afastamento dessas interferências.

MANIFESTAÇÕES ESPONTÂNEAS DE ENTIDADES ESPIRITUAIS

Constituem casos comuns, quando a mediunidade está madura. Geralmente, mostram-nos uma mediunidade-tarefa. O espírito encarnado assume essa tarefa nos planos etéricos; em tempo certo, ela se desencadeia normalmente, necessitando apenas de encaminhamento a um Templo de Umbanda para os devidos esclarecimentos e orientações.

TONTURAS

É outro sofrimento típico da fase inicial. São normalmente provocadas pelas próprias entidades ao fazerem o envolvimento do médium, que não está capacitado para receber esse tipo de vibrações cósmicas. O médium se sente mal, fica pouco seguro de si, por falta de adaptação de seu sistema neuropsíquico às influências projetadas do campo astral. É por essa razão que os centros nervosos do ser humano, ao serem vinculados violentamente à ação de entidades espirituais, sem uma ligação precisa para o contato mediúnico, se desequilibram, provocando lesões e doenças nervosas. Nesse caso, como nos anteriores, faz-se indispensável a informação clara sobre o mecanismo da mediunidade, seguida do tratamento espiritual e de sucessivo desenvolvimento das faculdades mediúnicas.

FRAQUEZA DO ANJO DE GUARDA

Sugere todas as perturbações, de ordem espiritual e física, que bloqueiam a influência benéfica do Anjo de Guarda. O envolvimento com entidades de baixo astral faz baixar o teor vibratório do indivíduo, que não consegue se sintonizar com influências benéficas ao seu ego. Daí a necessidade do afastamento dessas entidades perniciosas, para que a luz de nossa entidade tutelar tenha sucesso, até nos fortificando no dia a dia das lutas cotidianas.

É prolixa e extremamente complexa a sintomatologia característica da primeira fase mediúnica. Varia enormemente de indivíduo para indivíduo, tornando-se impossível nos referirmos a todos os fatos. Assim, limitamo-nos a enfocar os exemplos mais comuns. São situações que envolvem vários setores de atividades do médium, incluindo até problemas de ordem familiar, desajustes criados por essas mesmas perturbações.

ESTÁGIO II

Contornadas todas as dificuldades iniciais inerentes ao primeiro estágio, verifica-se por meio de um exame espiritual se o médium está apto ao desenvolvimento mediúnico.

Esse exame é feito mediante uma verificação do "campo espiritual" do indivíduo. Quando a faculdade mediúnica amadurece e está pronta a eclodir, o campo espiritual assume determinadas características indicativas dessa maturidade. Aparece maior luminosidade e vibração nos chacras (centros de forças do nosso organismo), manipulados fluidicamente pelas entidades, glândulas e plexos, descontando-se o coronário. O perispírito, por sua vez, fica mais sensível às influências exteriores. A glândula pineal – pressupõe ser ela a sede da mediunidade – demonstra também maior luminosidade. O colorido da aura espiritual torna-se mais intenso. Há ainda uma alteração do comportamento do sistema nervoso cérebro-espinhal, que reage mais diretamente à glândula pineal. Tudo são sintomas, sinais precursores da mediunidade.

O segundo estágio se identifica particularmente pelo SACRIFÍCIO MATERIAL prestado pelo médium, ao assumir seu desenvolvimento dentro de uma corrente mediúnica. O exercício da mediunidade não é sagração ritual inventada pelo homem. Nasce das Leis Naturais que regem consciências, no fluir do tempo, no suceder de gerações e encarnações e reencarnações.

Um ato mediúnico é o cumprimento de um dever assumido perante o tribunal de Deus, instalado na consciência de cada um. Quando o médium se esquiva desse cumprimento, engana a si mesmo, pensando enganar o Criador do Universo.

O SACRIFÍCIO MATERIAL

Envolve no decorrer do desenvolvimento mediúnico o amor e a persistência, porque o médium assumirá nessa fase duas grandes responsabilidades, a saber:

1 – Opera-se o contato do médium com o corpo mediúnico, formado com seus irmãos de santo.

2 – Dá-se o contato com o Guia ou Entidade que vai responsabilizar-se por aquela pessoa durante o tempo do seu desenvolvimento, até que o perispírito se adapte com a vibração da Entidade que vai ser seu futuro Guia.

Os Estágios da Mediunidade

Estágio II – O médium em desenvolvimento ainda não possui controle sobre seu corpo, ele ainda cambaleia.

A continuidade do médium dentro da corrente selada pelo seu SACRIFÍCIO MATERIAL celebrará o mediunato como passaporte que Deus (Orumilá ou Olorum) nos concede para a libertação do nosso passado, por meio de um só ato, o mais belo e honroso de todos, que é o ato mediúnico.

Colocando-se o médium dentro da corrente mediúnica, vai-se desencadeando paulatinamente aquilo que, por falta de expressão mais apropriada, pode-se chamar de "adaptação psíquica". Esse período preparatório visa justamente promover o equilíbrio geral, orgânico e psíquico, disciplinar a causa perturbadora e dar ao médium um inicial autodomínio, harmonia e serenidade interiores.

CORRENTE

Por esse termo se entende o conjunto de forças magnéticas imantadas, em determinado local, por pessoas de pensamentos e objetivos idênticos, que vibram em comum, em favor de determinada realização.

Dentro dessa conjugação de forças mentais, estabelece-se o contato entre as auras; casam-se os fluidos e harmonizam-se as vibrações individuais.

Essas vibrações colocadas em sintonia com o espiritual criam uma estrutura maior, desenvolvendo um dinamismo altamente benéfico, de refazimento, para todas as entidades presentes, tanto encarnadas como desencarnadas.

Após a "adaptação psíquica", sobrevém o contato com a entidade responsável pelo desenvolvimento do médium. Este se equilibra e o campo mediúnico oferece condições favoráveis de influenciação, podendo, então, serem iniciados os trabalhos de desenvolvimento propriamente dito.

As influências da entidade astral, conforme a natureza e o grau de mediunidade, determinarão o grau de atração do médium, o qual oferece passividade à incorporação, que pode ser consciente, semiconsciente ou inconsciente, dando amplo acesso ao processo de desenvolvimento mediúnico.

Para que haja um desencadear normal e satisfatório das faculdades mediúnicas, o médium deverá submeter-se à orientação e à disciplina imposta pelo Pai Espiritual (nome mais utilizado na religião afro-brasileira), obedecendo a horários e regulamentos do Templo. O exercício da mediunidade exige, rigorosamente, muito sacrifício pessoal e obediência a normas corretas que permitam obter uma boa vibração, afinando com seu guia. Exige perseverança e, particularmente, muita honestidade, desprendimento e espírito de renúncia para a efetivação da sintonia com o plano astral superior.

O médium deverá ser limpo de corpo e alma, para não prejudicar os trabalhos em execução e poder garantir-se com uma boa assistência espiritual. Dos defeitos humanos decorrem os erros e as mistificações, afastando de si os guias, os quais, não encontrando um teor vibratório propício à harmonização, deixam o campo disponível à tomada de elementos negativos. O médium deverá ser eternamente um aluno da espiritualidade, aprimorando-se normalmente, concorrendo dessa forma para sua evolução e de suas entidades.

Assim, o SACRIFÍCIO MATERIAL da sua pessoa e do seu tempo será amplamente gratificado na espiritualidade, carreando para si e seus familiares paz e felicidade. O médium, nessas circunstâncias, é como um aluno que precisa acomodar-se a regras, ordens e regulamentos da classe onde está, confia e obedece criteriosamente aos seus instrutores. Nunca será demais relembrar que os chefes, as falanges e as linhas de Umbanda com seus Caboclos, Pretos-Velhos e Silvícolas, apesar da multiplicidade de costumes, temperamentos e propósitos diferentes de serviço que executam junto à matéria, entrelaçam-se por severos compromissos, deveres hierárquicos e vibrações espirituais, aos quais os médiuns devem corresponder por meio de uma rígida disciplina na execução do seu mandato mediúnico.

ESTÁGIO III

Cessadas as primeiras experiências mediúnicas, o médium assume completamente a tarefa espiritual, estabelecendo uma perfeita sintonia com suas entidades.

Assim capacitado, nesta terceira fase ele assume sua RESPONSABILIDADE PARA COM A ENTIDADE DA CASA E O POVO. Neste estágio mediúnico, comprovaremos as seguintes características:

1 – O médium já controla a vibração de seu Guia.

2 – Por causa do costume e do tempo que a pessoa tem com seu Guia, durante o desenvolvimento, seu perispírito fica ligado àquela Entidade.

3 – Por consequência, verifica-se o início da mediunidade intuitiva e evolutiva materialmente.

Podemos dizer que o médium está pronto, apto a praticar a caridade. É a sua tomada de responsabilidade, sua conscientização mediúnica, passando a ser um elemento ativo dentro do seu Templo. Sabe que a caminhada foi penosa, mas suas dificuldades foram aplainadas e iluminadas pela força espiritual das Entidades Espirituais, Chefes do Santuário que o acolheram. Reconhece que a eles deve o seu equilíbrio e o seu conhecimento, e que ao Sacerdote deve a dedicação e a orientação que sempre lhe foram dispensadas.

Dissemos anteriormente (Estágio II) que a mediunidade provoca uma alteração do comportamento do sistema nervoso cérebro-espinhal, por este reagir diretamente às impulsões da glândula pineal e da hipófise. É que essas duas glândulas representam os pontos mais sensíveis das influenciações espirituais na vida anímica do indivíduo encarnado, particularmente no que se refere ao desenvolvimento de suas faculdades psíquicas. A pineal é por assim dizer o órgão PRINCIPAL DA ESPIRITUALIDADE e da consciência das coisas, tanto internas como externas, pos-

Os Estágios da Mediunidade

Estágio II – O médium na corrente em aperfeiçoamento, por meio da frequência aos trabalhos espirituais em fase de desenvolvimento.

suindo uma aura que apresenta os sete matizes das cores básicas. Essa aura normalmente não existe na criança antes dos sete anos, tampouco nos velhos, o que prova que ela está ligada à vida mental dos homens.

É, pois, por meio do sistema nervoso que o espírito executa suas atividades no mundo físico, havendo entre eles uma perfeita interdependência. Por essa razão, o sistema circulatório (formado pelo coração, artérias, capilares), quando estimulado por uma atuação espiritual, influenciação espiritual ou atividade mediúnica, o coração bate cada vez mais rápido – taquicardia –, podendo, em caso de influenciação maligna, caminhar para a insuficiência de oxigenação ou enfarte. Em outros casos, o coração reage de forma oposta, batendo num ritmo mais lento – braquicardia –, podendo até chegar à completa paralisação. Tudo dependerá da sincronia de estímulos. Agente ativo, a Entidade desencarnada; agente passivo, espírito encarnado ou médium.

Atuando no perispírito do médium, a entidade desencarnada transmite suas vibrações ao corpo físico, atingindo todas as atividades nervosas, o que resulta do entrosamento de energia entre o corpo astral e o corpo carnal.

Por esse mecanismo se explica o que acontece após uma incorporação ou desincorporação, fenômeno este observado diariamente em nossos Templos.

A alteração produzida no sistema circulatório com a aceleração da corrente sanguínea pelo médium, bem como a alteração produzida no sistema nervoso cerebral pelo aumento da atividade dos circuitos cerebrais, deve-se ao transe mediúnico.

Essas considerações de ordem técnica objetivam advertências que queremos deixar claras a todos os umbandistas irmãos de FÉ, particularmente aos chefes espirituais. Que mantenham o seu corpo físico equilibrado por meio de uma vida disciplinada e sua vida moral regulada pelo preceito de nosso Pai Oxalá: "Vigiai e orai para não cairdes em tentação", a fim de que nós possamos garantir uma

Estágio III – O médium em perfeita sintonia com sua entidade.

MEDIUNIDADE POSITIVA, fora da faixa dos distúrbios orgânicos, psíquicos e nervosos, já que as radiações e os fluidos emitidos pela Entidade atingem exatamente as regiões vitais do nosso corpo já mencionadas, que são os centros de forças que produzem e captam as ligações cósmicas.

ESTÁGIO IV

A mediunidade, ficando à disposição de seu possuidor, deixa o médium capacitado a agir por si mesmo. É uma questão do livre-arbítrio, que confere o mérito e o demérito. Há, entretanto, perigos que se evidenciam com mais força neste período mediúnico, a saber:

a) Vaidade;

b) Orgulho;

c) Ambição.

Uma vez desenvolvida a faculdade mediúnica, é necessário que ela não se transforme em abuso. A satisfação que ela proporciona a determinados indivíduos excita-lhes de tal forma e entusiasmo que é importante aprender a moderar, usando o discernimento.

É indispensável entender que ninguém deve se julgar dono de seu Guia ou de seu Orixá. Deve ficar bem definido que as ENTIDADES É QUE NOS COMANDAM e são donas de nossa cabeça. Basta nos considerarmos felizes e agradecidos por sermos usados por elas como VEÍCULOS, isto é, simples instrumentos de seus trabalhos espirituais.

O sentido possessivo com que certos médiuns reagem em relação à sua Entidade se transforma em um verdadeiro abuso da mediunidade. Médiuns com tal procedimento candidatam-se à sua própria decadência mediúnica.

Por quê? Porque toda a prática espiritual deve ser feita com simplicidade, sem chamar a atenção sobre o médium e suas Entidades. Estas exigem respeito, obediência, e qualquer abuso de mediunidade afasta os espíritos de luz. Aliás, percebe-se a evolução de um médium quando ele procura praticar a caridade sem "EXALTAR SEUS GUIAS", isso porque toda a vaidade fere a Lei da Humildade, base verdadeira de todo o espiritualismo.

O médium nessas condições só poderá fazer o retorno do seu livre-arbítrio dentro da Lei de Causa e Efeito. Além de perder a cobertura espiritual de seus Guias e Orixás, atrai para si e seus familiares cargas negativas, responsáveis por vários tipos de sofrimento, criando um carma negativo que atrasará por séculos a sua evolução espiritual.

Fazendo um parêntese, explicaremos que a Lei Cármica é a Lei da JUSTIÇA IMANENTE, segundo a qual todo ser humano deve inevitavelmente suportar as consequências das suas próprias faltas, a ninguém podendo transferir sua responsabilidade. O carma explica muitos dos misteriosos desígnios de Deus e vários fatos obscuros, absurdos ou aparentemente inexplicáveis, que acontecem na vida humana. O homem que conhece o carma age melhor, progride mais depressa e conforma-se com o sofrimento, o qual é resultante de ações contrárias à evolução, e o carma justifica o que de bem ou mal acontece para o indivíduo.

Não há, pois, Entidades, Santos e Orixás que "castiguem" o médium. Dentro da Espiritualidade, suas leis só propagam amor e fraternidade. Seria, logicamente, absurdo um Ser Superior negar ou agir contrariamente ao que se ensina. Todos sabemos que estamos aqui na Terra de passagem, para cumprimento de uma missão cármica. Viemos para cá a fim de nos purificarmos, elevando nosso espírito por meio das provações. A própria existência dos santos, de Jesus, nos exemplifica essa verdade.

Conclui-se, então, que ser médium não significa estar livre de problemas financeiros, emocionais, doenças, etc. A mediunidade nos foi outorgada para praticarmos a caridade, levando uma palavra de consolo, de esperança a quem seja carente e nos procure; jamais para nosso próprio e exclusivo benefício. Se assim fosse, onde estaria a nossa parcela de sacrifício para que, cumprindo essa missão, nos elevemos espiritualmente?

O que as Entidades nos emprestam é força, compreensão e resignação para contornar nossas dificuldades, sem tirar mérito de nosso esforço dentro das provações que cabem a cada um de nós.

Do contrário, seríamos superiores a Jesus, o maior médium – O MÉDIUM DE DEUS –, que exemplificou a renúncia e a aceitação total do sofrimento com a sua morte na cruz.

Fica assim entendido que cada médium terá sempre a sua parcela normal de problemas pertinentes ao carma individual, não existindo "castigo" por parte das Entidades, somente se ele se subtrair às influências positivas dos Benfeitores Espirituais. Como é um canal receptor, será automaticamente vítima de cargas maléficas provenientes de incorporações de seres de outras camadas inferiores de baixo teor vibratório. Em consequência, surgirão doenças físicas e mentais, desajustes materiais, emocionais e espirituais que, como já foi referido, atingirão até mesmo o grupo familiar. Enfatizamos esse assunto para que o médium entenda que essa não seria a sua PROVAÇÃO NORMAL sobre a Terra, mas uma consequência de seus atos que provocaram o afastamento das Entidades esclarecidas, já que não pode haver coação por parte delas.

O médium com conhecimento, integrado em suas responsabilidades espirituais, não deve nunca se propor a receber Entidades fora de seu Templo, sem o controle de sua Mãe ou seu Pai Espiritual. Muito menos participar de quaisquer trabalhos, nem sempre bem orientados e realizados por pessoas pouco escrupulosas. Essa arbitrariedade expõe o médium ao fracasso, muitas vezes por falta de resistência mediúnica, arriscando-se a ser vítima de espíritos mistificadores.

A tentação surge em toda parte, e o médium, pela sua sensibilidade, está tremendamente exposto a ela se não for vigilante. Porque possui determinadas faculdades, não deve supor que isso só lhe basta. É indispensável lutar pelo próprio aperfeiçoamento moral dominando as tentações do meio ambiente, não se esquecendo de suas tarefas coletivas, para não passar a viver uma vida de comodidade e vantagens pessoais, fracassando ingloriamente.

Estágio IV – Nesse momento o médium, em plena prosperidade mediúnica, encontra-se exercendo a caridade ao público, por meio da sua Entidade.

A nossa mensagem é, pois, de incentivo a todos os médiuns, que tiveram por acréscimo da Misericórdia Divina de aceitar uma missão de caridade, muito mais benevolente na queima de seu carma, quem sabe até permutando com o carma de uma doença como câncer, lepra, fogo selvagem, etc.

Vista assim, a paisagem mediúnica se modifica. Ela se torna menos espinhosa, desde que a compreendamos.

Dentro do mesmo processo cármico se encontram todos os que pertencem a um Templo de caridade, tais como: cambonos, médiuns e diretores. Todos trocam suas missões cármicas pela prática da caridade.

O cambono é, inclusive, chamado de médium auxiliar, o qual colaborando com o que se incorpora ou com o que dirige um trabalho espiritual, ajuda-o e completa-o. O médium auxiliar é de suma importância, embora muitas vezes, por falta de conhecimento, ignore o merecimento que tem.

É graças à MEDIUNIDADE, esse cortejo elaborado entre o plano físico e o extrafísico, que a humanidade há de ascender aos páramos da Luz Divina, liberta da roda dos renascimentos.

Capítulo V

Síntese dos Estágios de Desenvolvimentos Mediúnicos

Após o estudo realizado, apresentamos, em resumo, os seguintes dados:

1 – A condição de sermos veículo é um dom, uma oportunidade espiritual especial concedida ao indivíduo antes de reencarnar, fixando-se e conformando-se durante a gestação. Raramente esse dom será conferido ao encarnado adulto. O próprio corpo será modelado no ventre materno, mediante condições especiais, de acordo com o tipo de mediunidade, pelo fato de que certas regiões vitais de nosso organismo carregarão fluidos nervosos específicos às condições supranormais do médium.

2 – Certas atuações espirituais, responsáveis por diversos tipos de perturbações orgânicas e físicas, são sempre de caráter ou fundo mediúnico. Tanto as atuações espontâneas efetivadas pela sintonia com a faixa psíquica de suas vítimas (vingança de inimigos desencarnados) como nos casos de magia negra, por meio de atuações mandadas, as entidades em ação encontram campo de ataque apropriado às suas investidas, mas não campo de adaptação,

adequado a uma ligação correta para o contato mediúnico. É por essa razão que os centros nervosos do ser humano, ao serem atacados violentamente, se desequilibram, provocando lesões e doenças nervosas. Os centros nervosos receptores da mediunidade (gânglios, plexos, etc.), não possuindo fluidos específicos à mediunidade, ao sofrerem o impacto dos fluidos pesados característicos dos espíritos sem luz, acabam alterando as suas funções normais.

3 – Realizada a triagem para verificação de uma real mediunidade, o verdadeiro médium fica sabendo que a real mediunidade é controlada por espíritos elevados, Entidades altamente responsáveis.

4 – O indivíduo desenvolvido reconhece a aproximação de seus Guias por meio das influências projetadas no seu sistema vibratório. Pela imantação fluídica de cada Entidade, o médium já iniciado distingue com facilidade quando é Caboclo, Preto-Velho ou Exu.

5 – Médiuns verdadeiros são aqueles que mantêm contatos positivos, cujas Entidades protetoras trazem sobre eles ordens e direitos de trabalho.

6 – Na Umbanda, o médium deverá procurar manter a plenitude de suas condições psíquicas e orgânicas para enfrentar toda a movimentação de forças cósmicas, inclusive relacionadas com os espíritos chamados de Exus.

7 – Em decorrência de toda a análise registrada, aconselha-se ao médium o verdadeiro policiamento de si mesmo, a fim de não manter vibrações negativas, tais como vaidade, orgulho, ambição, ódio, rancor, inveja, que anarquizam sua saúde psíquica. Por outro lado, deve zelar pela sua saúde física com uma alimentação racional e equilibrada, não abusando de carnes, fumo, álcool ou quaisquer outros excitantes.

8 – Sempre que puder, o médium deve manter contato com a natureza (mata, cachoeira, mar), para refazimento de suas energias físicas e psíquicas.

9 – Todo ser humano tem suas experiências pessoais, seus segredos que deve manter para si mesmo, pois a sua consciência é o Altar de Deus, onde deverá analisar o que o Mundo Espiritual lhe oferece.

10 – Saber agradecer a Orumilá ou Olorum os dons espirituais que lhe forem outorgados na sua infinita misericórdia e se policiar intimamente, o que engrandece toda a jornada mediúnica.

Ao elaborarmos este trabalho de estudo sobre a mediunidade, achamos por bem dividi-lo em estágios, que correspondem a fases do desenvolvimento mediúnico, para facilitar os fins didáticos a que se propõe. Sabemos que há uma grande elasticidade dentro de cada uma dessas fases e que, por outro lado, elas se interpenetram e se completam. Visamos apenas simplificar a colaboração do tema neste pequeno manual de consulta.

Capítulo VI

Mediunidade Curadora

No serviço mediúnico, há uma diversidade de dons, como diz São Paulo, mas o espírito é o mesmo. E acrescenta: "Temos, porém, esse tesouro em vasos de barro, para que a excelência do poder seja de Deus e não de nós".

Na nobre missão de curar, Jesus Cristo, o Grande Curador, anunciou que viriam outros após Ele, que fariam os mesmos prodígios.

Segundo a palavra dos Evangelistas, muitas foram as curas operadas por Jesus. Entre elas, citaremos a cura de uma mulher paralítica, a cura de um leproso, a cura de um endemoniado, a cura de um jovem lunático, etc. As primeiras foram curas físicas, as últimas espirituais, quando expulsou os espíritos impuros que se apoderaram daqueles homens.

O que o Mestre fez pelo poder da sua Luz Espiritual, seus apóstolos fizeram também por meio de mediunidade, assistidos pelas falanges do Mestre. Hoje, são numerosos os médiuns aos quais cabe a responsabilidade de assistir seus irmãos doentes, material e espiritualmente.

Pela grandeza do feito, pela transcendência da missão, vamos ver o que entendemos por Mediunidade Curadora, quais os cuidados especiais que exige esse tipo de mediunato.

A Mediunidade Curadora pode se enquadrar na Mediunidade de Efeitos Físicos.

MEDIUNIDADE CURADORA é a capacidade possuída por certos médiuns de, por si mesmos, curarem as moléstias, provocando reações reparadoras de tecidos e órgãos do corpo humano, incluindo as enfermidades oriundas de influência espiritual.

Segundo Kardec, em *O Livro dos Médiuns*, médiuns curadores são aqueles que têm o poder de curar, aliviar, pela imposição das mãos ou pela prece.

Assim como existem médiuns que emitem fluidos próprios à produção de efeitos físicos concretos – ectoplasmia –, há, igualmente, médiuns para a emissão daqueles fluidos que operam reparações orgânicas e psíquicas.

O fluido em essência é sempre o mesmo: substância cósmica fundamental, mas suas propriedades e feitos variam imensamente, segundo a natureza da fonte geradora, da vibração específica e, nos casos de cura, segundo o sentimento que preside ao ato de emissão.

A diferença entre os dois fenômenos é que no primeiro caso – ectoplasmia – o fluido é pesado, denso, próprio à elaboração das formas, ao passo que, no caso da MEDIUNIDADE CURADORA, o fluido produzido pelo médium é sutilizado, radiante, próprio para estimular as condições vibratórias preexistentes.

O MÉDIUM CURADOR, além do magnetismo próprio, goza da aptidão de captar esses fluidos, leves e benignos, nas fontes energéticas da natureza, irradiando-os em seguida sobre o doente, revigorando órgãos, normalizando funções, destruindo placas ou quistos fluídicos produzidos por auto-obsessão, ou por influência direta.

O médium curador põe-se em contato com essas fontes, orando e concentrando-se, animado do desejo de praticar a caridade evangélica, e como a lei do amor é a que preside todos os atos da vida espiritual superior, ele se coloca em condições de vibrar em consonância com todas as atividades universais da Criação. Encadeia forças de alto poder construtivo, que então convergem sobre ele e se transferem ao doente que, no seu tempo, pela fé e pela esperança, se colocou na mesma sintonia vibratória.

Os *fluidos radiantes* adentram o corpo físico, atingindo o campo da vida celular. Bombardeiam os átomos, elevam-lhes a vibração íntima, injetam nas células vitalidade mais intensa que, consequentemente, acelera as trocas da assimilação, resultando, enfim, em uma alteração benéfica que repara lesões ou equilibra funções. Isso no corpo físico.

Agindo por meio dos centros anímicos, órgãos de ligação com o perispírito, atingem este, que também se beneficia, purificando-se pela aceleração vibratória e, assim, se tornando incompatível com as vibrações do baixo astral.

Dessa forma é que se operam as curas de perturbações espirituais, na parte que se refere ao perturbado propriamente dito.

Sabemos, entretanto, que muitas doenças, de fundo grave e permanente, não podem ser curadas, porque apresentam resgates cármicos em desenvolvimento, salvo quando há permissão do alto para fazê-lo. Mas, em todos os casos, há benefício para o doente porque, no mínimo, se conseguirá uma atenuação do sofrimento.

O *médium curador*, a fim de favorecer a emissão do fluido vital, deve vigiar-se tanto física como moralmente.

Se isso é obrigação categórica dentro de qualquer tipo de mediunidade, no caso das curas assume proporções mais acentuadas. O médium deve assumir um gênero de vida que não provoque fadigas excessivas, fazendo o possível para alternar o trabalho corporal com períodos de repouso e recuperação.

A abstenção de todos os tóxicos é obrigatória: álcool, fumo e toda categoria de drogas.

Seu regime alimentar deve ter por base ovos, leite, frutas e legumes, evitando carnes e temperos fortes.

Sua higiene pessoal deve ser bem aprimorada, para que, no decurso dos passes, o consulente não seja incomodado por maus odores.

Espiritualmente, o médium curador deve cultivar uma vida limpa, de pensamentos elevados, colocando-se em estado permanente de relação com as forças cósmicas positivas. Assim, estará sempre disponível, pronto para ser usado pelas Entidades curadoras, que agem por seu intermédio. A energia criadora é a fé do médium curador.

Em síntese, sacrifício e renúncia fazem parte do "estado de consciência" do médium curador, que em seu desprendimento pelas coisas materiais reflete aquela famosa sentença do filósofo Epicteto: "Penso em Deus muito mais vezes do que respiro". Essa comunhão com o Todo-Poderoso será a garantia suprema dentro da missão de servir e curar, como fez Jesus Cristo, o Grande Curador. Somos herdeiros da sua grandiosa missão. Ele ordenou aos seus discípulos: "Curai os enfermos, ressuscitai os mortos, limpai os leprosos, expeli os demônios. Dai de graça o que de graça recebestes" (São Mateus, cap. 10, vers. 8).

Capítulo VII

Fenômenos Paralelos à Mediunidade

Esses fenômenos repousam no princípio de emancipação da alma durante o sono e nas propriedades do espírito, sendo comuns aos encarnados e aos desencarnados.

No estado de emancipação, a vida do corpo dá lugar à alma, ou seja, à vida de relação oculta. E o homem vive por antecipação a vida espiritual.

É o que ocorre nos fenômenos de:

- DESDOBRAMENTO:

a) consciente

b) inconsciente

- BILOCAÇÃO
- BICORPOREIDADE
- DUPLA PERSONALIDADE

DESDOBRAMENTO: É o processo de exteriorização do espírito, decorrendo dele vários outros fenômenos.

No desdobramento, o espírito, no veículo denso do perispírito, abandona o corpo carnal, ao qual fica ligado pelo cordão umbilical fluídico. Nesse estado de relativa liberdade, análogo ao do sono, o espírito pode afastar-se do corpo a consideráveis distâncias.

BILOCAÇÃO: Nesse fenômeno, constata-se a presença de um espírito encarnado em dois lugares, aparentemente ao mesmo tempo.

Diz-se aparentemente porque os espíritos, conquanto possam irradiar seus pensamentos para muitos lugares ao mesmo tempo – os Espíritos Superiores, bem entendido –, não possuem realmente o dom da ubiquidade.

A Bilocação não é uma faculdade mediúnica, mas um fato que se verifica em determinadas circunstâncias, que decorre do desdobramento porque para encarnados não se pode dar Bilocação sem exteriorização do espírito.

Um exemplo clássico é o de Apolônio de Tiana, que estando em Éfeso, falando em uma reunião, calou-se repentinamente e, logo em seguida, passou a anunciar o assassinato do imperador, que naquele momento estava presenciando em Roma e no qual intervinha, gritando: "morte ao tirano!"

BICORPOREIDADE: É um fenômeno da mesma natureza da Bilocação, com uma diferença: esta mostra o acontecimento em seu aspecto de local de manifestação, enquanto a Bicorporeidade mostra o fenômeno no que diz respeito ao veículo de manifestação.

BILOCAÇÃO – significa dois lugares.

BICORPOREIDADE – significa dois corpos.

Esse fenômeno designado por Bicorporeidade deu lugar à história de homens duplos, isto é, pessoas cuja presença foi vista, simultaneamente, em dois lugares diferentes.

É o caso, tão conhecido, de Santo Antônio de Lisboa ou de Pádua. Ele estava na Espanha e, durante o tempo em que pregava, seu pai, que estava em Portugal, ia ao suplício acusado de assassínio.

Nesse momento, Santo Antônio aparece, demonstra a inocência de seu pai e descobre o verdadeiro criminoso, que, mais tarde, recebeu o castigo.

Verificou-se, naquele instante, que Santo Antônio não tinha saído da Espanha.

Allan Kardec, em *O Livro dos Médiuns*, invocando o espírito de Santo Alfonso, recolheu a seguinte explicação acerca da história referida:

> "O homem, quando está completamente desmaterializado, por sua virtude, quando elevou sua alma para Deus, pode aparecer em dois lugares de uma só vez. Eis como: o espírito encarnado, ao sentir o sono chegar, pode pedir a Deus para se transportar a um lugar qualquer.
>
> Seu espírito abandona, então, o corpo, seguido de uma parte do perispírito, e deixa a matéria em um estado vizinho ao da morte. Diz-se *vizinho da morte* porque ficou no corpo um laço que liga o perispírito e o espírito à matéria, e esse estado não pode ser definido.
>
> O corpo aparece então no lugar solicitado. O espírito livre da matéria, segundo seu grau de elevação, pode tornar-se tangível à matéria".

DUPLA PERSONALIDADE: Consiste em um mesmo indivíduo apresentar profundas alterações em sua personalidade comum, no temperamento, no caráter, na cultura, na educação, na voz e nos hábitos, alterando as diferentes personalidades, às vezes meses e anos, como se tem verificado há muito tempo.

Citam-se até mesmo casos de tripla e quádrupla personalidade, alternando-se sucessivamente durante meses e anos, no mesmo indivíduo.

Na *Dupla Personalidade* existe incorporação de entidades estranhas, mas, por diversos motivos internos e externos, dilata-se para o médium o campo da mente menor, a usualmente utilizada, e o indivíduo passa a viver, temporariamente, com uma consciência distinta, que corresponde a um setor diferente, da mente maior, na qual, pelos diversos motivos referidos, provisoriamente se integrou. E como esse setor consciencial corresponde a fatos relacionados a *uma outra encarnação*, manifesta uma personalidade diferente, pertencente ao mesmo indivíduo, porque, como já dissemos, a *personalidade* é variável, enquanto a *individualidade* é indivisível.

A área de fenomenologia espiritual é muito vasta e complexa. Fornecemos apenas alguns tópicos, a título de informação e conhecimentos gerais sobre tal assunto. O médium ficará com uma visão geral do quadro mediúnico.

Capítulo VIII

Compêndio/Definições

Posto que falamos de mediunidade, seus estágios, consequente capacitação e seus graus, os médiuns deverão se familiarizar com determinadas expressões, que fazem parte da terminologia espiritual, especialmente entre os irmãos espíritas.

Referimo-nos a *fluidos, vibrações, zonas nervosas* ou centros de força – *chacras* –, que representam o ponto de influenciação das Entidades.

Citamos a palavra perispírito – ou Duplo Etérico –, enfim, um conjunto de termos que implicam uma definição, para maior entendimento do processo mediúnico. Dessa forma, em plano esquematizado, organizaremos as definições.

PERISPÍRITO OU DUPLO ETÉRICO

Sua Forma: É uma reprodução exata do corpo físico.

Cor: Normalmente azul-acinzentado, em tom pálido, podendo variar entre cores grosseiras e delicadas, de acordo com nosso estado mental e nossa saúde do corpo físico.

Função: a) Absorver o prana ou vitalidade e enviá-lo a todas as regiões do corpo físico. Órgão receptor das correntes vitais.

b) Servir de intermédio ou ponte entre o corpo físico e o corpo astral. Transmite ao corpo astral a consciência dos contatos sensoriais, e permite a descida ao cérebro físico e ao sistema nervoso da consciência astral.

Sem essa ponte, a alma não utilizaria as vibrações do cérebro.

Distância do Físico: 1/4 de polegada de efeitos físicos ou de materialização, ele se desloca e serve de base aos fenômenos, pois é o mesmo que fornece a substância conhecida por Ectoplasma. É por meio dele que objetos se movem e se dão as materializações, bem como a produção de golpes e sons.

O tratamento magnético, os passes e o transe também se devem ao Duplo Etérico.

Esse Duplo Etérico pode ser separado do corpo físico pelos anestésicos, pelo mesmerismo e pela morte.

Características: O Duplo Etérico, sendo matéria física, é afetado pelo frio, calor, ácidos fortes. É importante lembrar que quem purifica o corpo físico, por meio de uma vida moralizada, purifica o etérico. Uma lesão no corpo etérico produz uma lesão no corpo físico por REPERCUSSÃO e vice-versa. Daí os perigos nos fenômenos de materialização, uma vez que é o Duplo Etérico que fornece o Ectoplasma, ou seja, a matéria densa necessária à constituição de fenômenos. Esses sinais de REPERCUSSÃO se refletem também no corpo físico. Para melhor ilustração, lembraremos o caso de pessoas que, sofrendo a amputação de algum membro, têm a sensação de continuar sentindo dores.

CHACRAS

Definição: Centros magnéticos, vitais no corpo humano. Os chacras são vórtices semelhantes a rodas, que existem na superfície do Duplo Etérico. São pontos de conexão ou de enlace pelos quais a energia dos corpos do homem pode fluir: os corpos são superpostos e unidos por meio desses chacras. Eles aparecem no Duplo Etérico como pequenas depressões, do tamanho de um pires de chá.

Quando desenvolvidos, brilham intensamente. Quando pouco desenvolvidos, têm uma luz mortiça. Eles possuem um talo que os une à espinha dorsal. Explicando, a espinha dorsal é feita à imagem de uma árvore da qual brotam flores, cuja corola ou pétalas surgem na superfície do Duplo Etérico. Por meio da boca da flor, flui a energia dos planos superiores. Se não houvesse esse fluxo de energias, não haveria o corpo físico.

FUNÇÃO

1 – Absorve o prana ou vitalidade.

2 – Transmite fluidos do plano astral e mental ao físico e vice-versa.

Número de Chacras: São sete os principais chacras.

I – CHACRA BÁSICO

Situa-se na base da espinha dorsal. Tem quatro pétalas de cores vermelha, púrpura e alaranjada. Ele é a base da Kundalini; esse raio vermelho-laranja ativa os desejos carnais, mas se por um esforço a pessoa se purifica, essa energia é enviada ao cérebro e suas cores se transformam. O laranja se transmuta em amarelo-ouro, intensificando as faculdades intelectuais.

O vermelho-escuro se torna um tom rosado, do amor não egoísta, incondicional. O tom púrpura se converte em violeta, que aviva a parte espiritual.

II – CHACRA ESPLÊNICO

Fica situado no baço. Sua função é receber a vitalidade e dividi-la em cores básicas.

Possui seis pétalas e um centro. Cada pétala corresponde a uma cor de uma das modalidades de energia: vermelha, laranja, amarela, verde, azul e violeta são as respectivas tonalidades.

O azul e o violeta se fundem num só raio, o laranja e o vermelho em outro. Vitaliza o corpo astral e o etérico, e permite as recordações das viagens astrais.

III – CHACRA UMBILICAL

Situa-se no umbigo. Possui dez pétalas e relaciona-se com os sentimentos e as emoções.

As cores predominantes são o vermelho e o verde. É afetado por vibrações do corpo astral, como o ódio e o medo.

O verde vivifica o fígado, os rins, os intestinos e o aparelho digestivo. Assim, nas pessoas que possuem alguns desses órgãos doentes, existe um fluxo deficiente de energia verde.

IV – CHACRA CARDÍACO

Situado no coração. Possui 12 raios e é de cor dourada. As vibrações de amor afetam esse chacra. Nas pessoas com deficiências cardíacas, verifica-se um defeituoso fluxo de energia amarela. Quando desperto, nota-se simpatia para com os sentimentos alheios, à compreensão e à consciência dos sentimentos do próximo.

V – CHACRA LARÍNGEO

Fica situado na garganta. Possui 16 raios. Cores: azul, prateada e verde. Os cantores possuem esse chacra bem desenvolvido.

Vivifica os órgãos dessa região. Confere clariaudiência etérica e astral.

VI – CHACRA FRONTAL

Fica entre as sobrancelhas. Possui 96 pétalas.

Cores: rosa, amarela e azul.

Dá também a capacidade de aumentar e diminuir os objetos examinados.

VII – CHACRA CORONÁRIO

Situa-se no alto da cabeça. Possui 960 pétalas.

Predomínio da cor violeta, mas possui todas as outras cores. Contém um núcleo branco com luzes douradas; dentro desse núcleo se encontram 12 pétalas.

Nas pessoas com necessidades especiais, há inibição do fluxo de energia amarela, azul e violeta.

Nos grandes pensadores e filósofos, existe muita vitalidade de cor amarela nesse chacra.

Os seres espiritualizados possuem, por sua vez, um grande fluxo de energia violeta.

Estabelece a plenitude das faculdades astrais, e o elo entre o plano físico e os planos superiores. Dá capacidade para o desdobramento consciente.

Centros Etéricos

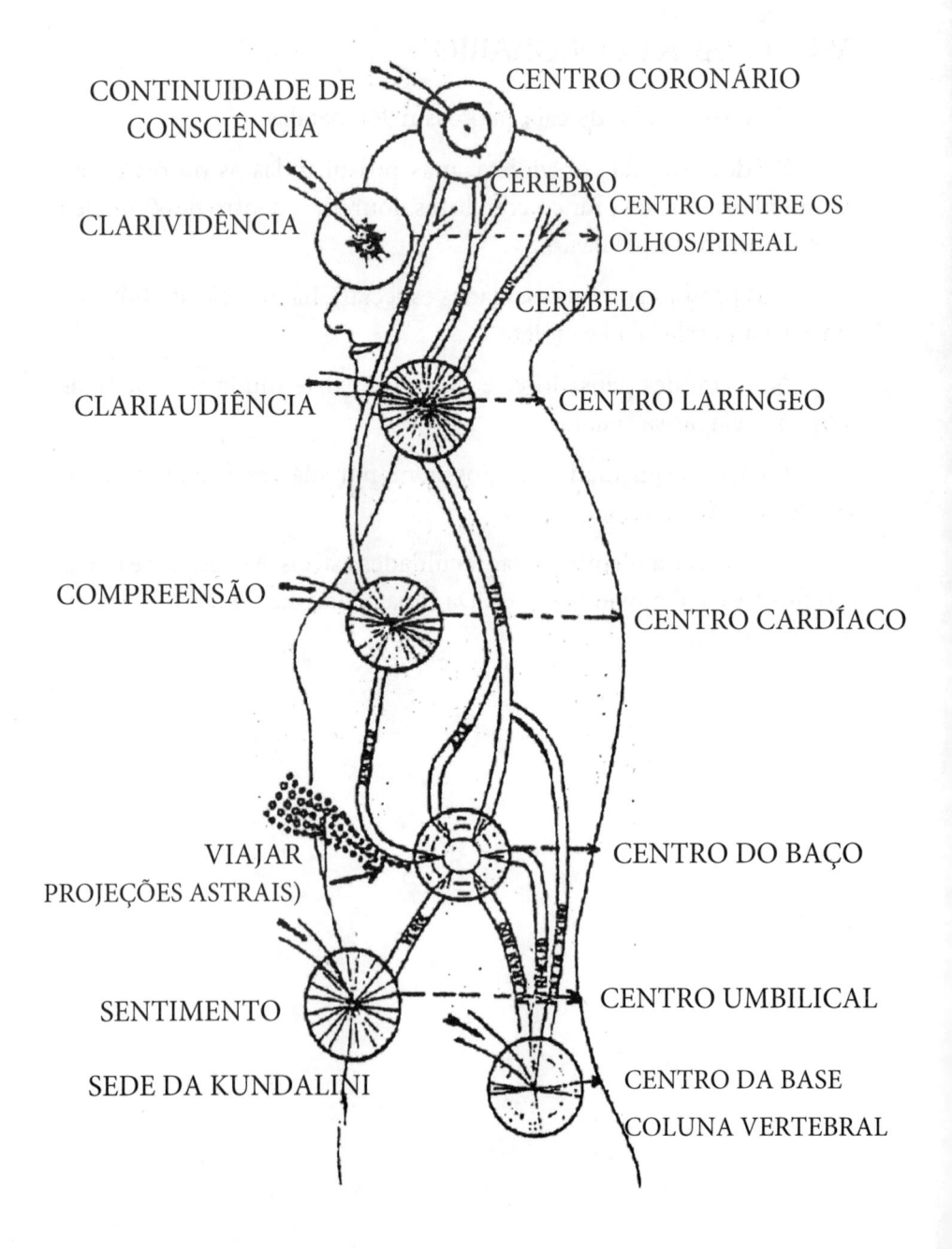

- CONTINUIDADE DE CONSCIÊNCIA
- CENTRO CORONÁRIO
- CLARIVIDÊNCIA
- CÉREBRO
- CENTRO ENTRE OS OLHOS/PINEAL
- CEREBELO
- CLARIAUDIÊNCIA
- CENTRO LARÍNGEO
- COMPREENSÃO
- CENTRO CARDÍACO
- VIAJAR (PROJEÇÕES ASTRAIS)
- CENTRO DO BAÇO
- SENTIMENTO
- CENTRO UMBILICAL
- SEDE DA KUNDALINI
- CENTRO DA BASE COLUNA VERTEBRAL

TELA ATÔMICA

O Duplo Etérico é dotado de um filtro ou tela que impede a passagem de elementos negativos do plano astral para o físico. Sem ela, todos os elementos astrais invadiriam a consciência física e seríamos obsediados por entidades maléficas.

Essa tela pode ser lesada por choques emocionais e físicos, pelo álcool, *delirium tremens,* narcóticos, vícios e pela morte.

AURA

O Duplo Etérico ou corpo astral interpenetra todos os elementos do corpo físico denso e ainda transcende os limites da forma humana física, formando um halo ovoide, constituindo o que se denomina AURA.

Na aura se relatam as paixões e o estado mental da pessoa, que se tornam discerníveis à visão clarividente. Assim, na aura, o tom vermelho carregado demonstra tratar-se de um indivíduo colérico. O róseo é sinal de amor puro, incondicional. O verde brilhante, de simpatia e vivacidade. O amarelo de inteligência, e assim por diante.

FLUIDO

É aquela energia cósmica, de natureza magnética e plástica, recebida pelos chacras e também pela respiração, alimentadora do metabolismo espiritual e do corpo denso.

ECTOPLASMA

É a substância fluídica plástica provinda do corpo etérico.

É uma emanação residual do metabolismo celular. O Ectoplasma do médium é o elemento essencial na Mediunidade de Efeitos Físicos – materialização, curas, etc.

ENERGIA CÓSMICA

São todas as energias, raios e ondas provenientes do espaço cósmico, que atuam sobre todos os seres.

Ex.: O *Prana* também é chamado de Força Vital.

PASSES

São transmissões de energias psicoperispirituais sobre os órgãos ou setores do corpo humano, para cura de perturbações materiais.

PRANA

Sopro de vida ou energia vital. Significa a vitalidade, a energia que coordena as moléculas físicas e as reúne em um organismo definido.

A vida é a porção do Prana Universal que recebemos a cada encarnação. Se não houvesse o Prana, nossas células seriam, no máximo, um agregado de células independentes. Ele é absorvido por todos os organismos vivos.

Embora o homem possua nervos, o corpo físico não recebe por si só as impressões externas; é o Prana que transmite a sensação ao interior – prazer, dor. É o Prana que dá aos órgãos físicos a atividade sensorial, por meio do Duplo Etérico. O Prana segue os nervos do corpo, agindo, portanto, como transmissor dos impactos exteriores, bem como da energia motora que vem do interior. Prana é o sopro da vida da Bíblia, fluido nervoso que mantém a vida.

CONCLUSÃO

O presente glossário tem por objetivo mostrar aos médiuns como funciona o mecanismo da mediunidade.

São realidades constatadas pelo estudo e pela experiência. Não existem mistérios em nada. Tudo tem o seu funcionamento, sua razão científica. E isso é muito importante na presente época, em que a prática espiritual, sendo muito difundida, precisa ser processada organizadamente, com conhecimento de causa, a fim de doar ao mundo a sua real mensagem, transformando este planeta em um orbe de Paz e Amor.

Demonstração dos efeitos negativos do álcool sobre a aura de uma pessoa.

Capítulo IX

Médiuns Umbandistas – Seus Deveres

Dado seu crescimento vertiginoso nestes últimos anos, a Umbanda tem sido mal interpretada pelos próprios médiuns, que não se esforçam por um aprendizado mais apurado. O indivíduo, ultimamente, tem recebido má orientação do que é a Umbanda e de como deve ser praticada a mediunidade.

Hoje em dia, os médiuns são preparados rapidamente, não havendo tempo para que o sujeito venha a tomar conhecimento da responsabilidade que está assumindo, por carência de conhecimentos mais profundos por parte dos responsáveis de terreiros de Umbanda.

Por esse motivo, a mediunidade na Umbanda tem sido praticada e aplicada pelos próprios médiuns, já iniciados pessimamente, os quais não se preocupam no dia a dia em temperar e ampliar conhecimentos, esforçando-se cada vez mais para angariar um aprendizado idôneo sobre o que é ser médium e sobre a mediunidade nos rituais umbandísticos. O médium umbandisita ainda não acordou, pois não percebeu que a UMBANDA se alastrou de forma vertiginosa, de Norte a Sul, de Leste a Oeste, nas últimas décadas.

Quando as Entidades Espirituais são verdadeiras e reais, elas, diariamente, trazem aos médiuns mensagens de orientação e ensinamentos dos mais delicados e profundos, até filosóficos, procurando mostrar aos seguidores e praticantes da religião o perigo da mediunidade mal aplicada, levando em consideração que nós nos tornamos médiuns por diversas circunstâncias, mas que tudo implica, em síntese, um resgate de nossos débitos anteriores.

Então, ser médium praticante de Umbanda envolve o indivíduo numa série de exigências, tendentes a canalizarem o médium para seus objetivos superiores.

Antes de tudo, o médium precisa aprender a se disciplinar, no corpo e no espírito, para, assim, gozar gradativamente de maior e melhor receptividade na prática da caridade, oferecendo condições favoráveis para que as Entidades de Luz possam nele imantar e dar condições de incorporação.

Aquilo que denominamos reforma íntima consiste exatamente no aprimoramento interior de cada um, eliminando defeitos e desenvolvendo virtudes.

Esse é o programa espiritual de qualquer místico iniciado na Umbanda, a cada instante do dia, já que o tempo é patrimônio divino e dele prestamos contas no tribunal da nossa consciência.

O médium, particularmente, deve evitar todos aqueles sentimentos inferiores, que ferem pela base a estrutura crística da sua mediunidade.

Senão, vejamos:

1 – O *médium de Umbanda* não pode ser invejoso. Inveja cria aberturas mediúnicas, para que entidades malfazejas ou pouco esclarecidas possam incorporar.

Afinal, cada um de nós tem o que merece. Por que ter inveja? Se não pudermos auxiliar nossos companheiros, também não impeçamos seu crescimento, com nossas vibrações negativas.

Mais cedo ou mais tarde, a *Lei do Retorno* nos trará de volta esse tipo de animosidade, triste emblema da nossa profunda ignorância.

2 – O *médium de Umbanda* deve fugir ao despeito, ao ciúme, que promovem anarquia espiritual. São sentimentos que marcam inferioridade do ser humano, que pela Lei da Afinidade atrai o mesmo tipo de vibrações astrais.

Do despeito, do ciúme nascem intrigas e falsidades em relação aos irmãos de terreiros; e toda falta de caridade é punida, porque fere a Lei da Justiça Divina. Marginaliza-se a criatura, dentro da Lei Maior que rege o Universo – o Amor!

Desconceituando nossos companheiros de luta, estaremos enfraquecendo a nós mesmos, porque Zambi não permitirá que vença sempre a máscara nefanda da mentira e da hipocrisia.

O certo mesmo é aprendermos, à custa de nosso esforço, a dominar esses sentimentos malignos, alegrando-nos com as glórias e conquistas do nosso semelhante. Essa alegria, diante do sucesso dos outros, será de grande merecimento para nós. E isso é o que importa, que Deus conheça o nosso bom coração.

3 – O *médium de Umbanda* deve ter cuidado com sua língua. Cuidar na maneira de falar. Converse somente o que for de seu interesse e aproveitável.

Procure não criticar a vida alheia, do vizinho, de seus parentes e amigos. Você deve apaziguar os mal-entendidos, ensinando o bem e a moral, com toda a dignidade.

Deve abolir totalmente as palavras de baixo calão. Toda animosidade fere a Lei da Harmonia e traz o desencontro da criatura com o Criador.

4 – O *médium de Umbanda* deve respeitar as horas de refeições, criando um ambiente de cordialidade, para que o alimento ingerido produza as energias necessárias à sua saúde e à de seus familiares.

Discussões sobre problemas domésticos, financeiros, estudo dos filhos, trabalhos materiais e espirituais devem ser mantidas fora da hora sagrada das refeições, que serão abençoadas com a presença de Entidades Superiores.

5 – O *médium de Umbanda*, no exercício de suas funções na prática pelo bem da humanidade no campo espiritual, deve evitar álcool, bares, cabarés, assim como qualquer outro lugar onde as influências sejam negativas; o álcool é o elemento principal para a decadência do médium, tanto espiritual como material. O médium fica em total abandono, sem a proteção de seu Anjo da Guarda, dando passagem a vibrações negativas dos espíritos ignorantes, ocasionando desavenças no lar, desemprego, nervosismo e degradação moral.

Bares, boates, cabarés e cassinos são ambientes de cargas pesadas, cheios de inveja, ódio e rancores. São ambientes inadequados, impróprios para quem está seguindo a vida espiritual.

Um médium que desrespeita essas regras é responsável pela sua própria desarmonia espiritual, prejudicando ainda o bom andamento dos trabalhos no seu Templo. É assim que muitas pessoas, indo buscar caridade, saem do Templo piores do que quando entraram.

6 – O *médium de Umbanda* deve ser honesto consigo mesmo e com seu Pai ou Mãe Espiritual.

Não deve praticar a mediunidade por temores, receio de ficar doente ou de desencarnar prematuramente. O seu trabalho deve ser de amor e alta conscientização espiritual. Precisa firmar-se num Templo. Não ficar vacilando, de um lado para o outro. Isso só gera confusão e distúrbios espirituais, refletindo, claro está, na própria matéria.

Se sentir necessidade de uma mudança, o médium deve ser franco com seu Pai ou Mãe Espiritual.

Ninguém deve ficar "preso" onde não se sinta bem. O importante é levar "seus motivos" ao conhecimento do seu Pai ou da sua Mãe Espiritual, procedendo com humildade, espiritualidade e lealdade.

A demagogia e a falsidade praticadas por um médium para com o responsável do sacerdócio em um Templo de Umbanda não podem ajudá-lo. Dentro de um procedimento limpo, o médium nada terá a temer, pois ficará acobertado por todas as suas Entidades que, em nome de Zambi e Oxalá, velam por ele na Terra.

Frequentemente, a vaidade tem consequências muito graves. Trata-se do médium que não quer se submeter à sua verdadeira realidade espiritual e, por vieses, tenta descobrir quem lhe aplauda a própria ignorância. Então, encontra um Pai ou Mãe Espiritual que faz e põe em prática os seus desejos, e diz o que ele QUER OUVIR.

Assim se precipita nas "feituras e raspagens de santo" e outras *obrigações*, que seu verdadeiro e honesto Pai Espiritual não quis, e busca inescrupulosos, os quais, não tendo respeito pelas Entidades ou Orixás, nem pela Cultura Afro-Brasileira, hoje nossa crença religiosa, praticam atos horríveis, sem conhecimento algum.

Tais *obrigações*, antecipadas e malfeitas ou desnecessárias, ocasionam ao médium problemas e traumas, tanto materiais como espirituais. Posteriormente, o próprio indivíduo que não deu TEMPO AO TEMPO vem a se sentir mal e começa a perceber anormalidades, no terceiro ou sétimo mês.

A Espiritualidade é maravilhosa. Suas leis são sagradas. Violá-las acarretará perigos imensos e dificilmente sairemos desse abismo.

Meditemos bem sobre tudo isso. E se a responsabilidade do conhecimento espiritual é indispensável ao médium, imagine em relação àqueles a quem coube a missão de Chefes de Terreiro...

O médium que cultivar castidade, honestidade e fidelidade a seus Guias e Orixás, a seu Pai Espiritual, estará se firmando espiritualmente, cada vez mais, aprimorando sua mentalização com as Esferas da Vida.

Acreditem, meus irmãos, que o afastamento das Entidades de Luz, *no caso de negligência* do médium, se processa muito mais rapidamente do que o tempo que levaram para em nós se manifestarem.

7 – O *médium de Umbanda* deve também se preocupar em manter a higiene do seu lar. A casa pode ser modesta, mas um

ambiente ordenado, limpo, oferece condições de permanência aos bons espíritos, facilitando suas operações espirituais no meio físico.

8– O *médium de Umbanda* jamais poderá se esquecer da higiene do próprio corpo. Além de seu banho comum antes de dormir, deve preparar-se com banhos determinados por suas Entidades, ou por seus Pais Espirituais, nos dias de trabalho espiritual.

Suas roupas de santo devem ser cuidadas com esmero, guardadas em um local sempre determinado e ser extremamente limpas, porque o importante não é o luxo, mas sim o carinho e o devotamento do médium.

9 – Por último, o médium, por meio da conscientização de seus deveres, estará cultivando a mediunidade com Jesus, porque, como nos ensinou o Mestre: "Nem todo aquele que diz Senhor, Senhor, entrará no reino dos céus. Mas, sim, aquele que faz a vontade de meu Pai, que está nos céus; esse estará no Paraíso. Muitos me dirão naquele dia: Senhor, Senhor, não é assim que profetizamos em teu nome, e em teu nome expelimos demônios, e em teu nome obramos muitos prodígios? E, então, eu lhes direi, com voz inteligível: pois eu nunca vos conheci. Apartai-vos de mim, vós os que obrais a iniquidade". Então, vigiemos e oremos dentro da seara mediúnica, para que o Pai nos receba em seu regaço, na bem-aventurança de nossa missão cumprida!

Capítulo X

Doutrina dos Anjos Guardiães

VALOR DA PRECE

É antiquíssima a ideia da existência dos Anjos. Tem sido ensinada desde as civilizações mais remotas, por todas as grandes crenças: Hinduísmo, Budismo, Masdeísmo, Judaísmo, assim como pelo Cristianismo.

Todas as crenças e o Cristianismo têm apresentado os Anjos como agentes da Divindade e poderosos auxiliares da evolução humana.

A concepção do Anjo da Guarda, dentro do Cristianismo, é a de uma entidade encarregada de velar por uma alma humana em particular, defendendo-a nesta vida, guiando-a para o céu depois da morte e intercedendo por ela junto a Deus.

Por sua vez, todo ocultista conhece intimamente a evolução da Linha Angélica e nos ensina que quanto mais o ser humano purifica sua matéria, eleva seus sentimentos e pensamentos, vivendo mais da alma do que do corpo, maior é a possibilidade de receber auxílio angélico.

Kardec, em seu *O Livro dos Espíritos*, ensina que o Anjo Guardião é um espírito protetor de ordem elevada. Tem junto ao seu tutelado a missão de um pai para com um filho. Conduz seu protegido no currículo da vida, ajuda-o com seus conselhos, consola-o em suas aflições e sustenta a sua coragem nas provas da vida.

É um espírito protetor, que se liga ao indivíduo desde o nascimento até a morte, seguindo-o frequentemente após a passagem, na vida espiritual, por meio de numerosas existências que não são mais que fases bem curtas na vida do espírito.

Para o médium umbandista, Anjo da Guarda é um Orixá que nos protege e nos guia, desde o dia de nosso nascimento até o dia em que desencarnamos do planeta Terra.

Os Orixás são conhecidos por suas cores e por suas irradiações espirituais. O indivíduo toma, muitas vezes, características da formação do Orixá.

Os deveres do médium umbandista para com seu Orixá são tão sérios que deixamos de mencioná-los no capítulo anterior entre os seus demais deveres, para melhor enfatizarmos tais obrigações.

Nosso Anjo da Guarda deve ser lembrado em especial nas horas próprias de suas vibrações astrais, a fim de constantemente recebermos sua fortificação espiritual.

Fazendo uma comparação, temos tanta necessidade desse alimento espiritual como precisamos da alimentação para nossa sobrevivência material. Vejamos, pois, as principais horas de suas vibrações astrais em nosso planeta:

Ao nascer do Sol – 6 horas

Ao pino do Sol – 12 horas

Ao pôr do Sol – 18 horas

São esses, portanto, horários de grande força para nossa mentalização. Por meio do recolhimento e da prece, sintonizamo-nos com essa Força Superior, que é o nosso Anjo da Guarda, e nos refazemos espiritual e materialmente.

A prece do Anjo da Guarda tem por finalidade solicitar sua intervenção junto a Deus, rogando força para resistirmos às más sugestões e sua assistência nas necessidades vitais.

Aproveitamos para fazer um parêntese, já que estamos falando das necessidades vitais, para falar sobre o sono. Ele é uma das necessidades mais importantes para os seres humanos em geral. Dele depende o bom funcionamento do cérebro e o equilíbrio psicológico.

Em se tratando de pessoas que possuem o dom mediúnico, principalmente as que ocupam o lugar de direção de Templos, ou seja, os Pais e Mães Espirituais, o sono serve também como um fortalecedor da sua potência mediúnica. O processo se dá da seguinte maneira: enquanto essas pessoas estão em sono profundo, suas auras são atingidas pelas forças magnéticas do Campo Astral. Portanto, ao se levantarem, estarão mais fortes vibratoriamente falando, em plena forma para oferecê-las àqueles que vão aos seus Templos em busca da caridade.

Quando o médium está dormindo, existe o deslocamento de seu perispírito para a atmosfera astral. Muitas vezes, o médium não tem uma noção exata do local do sonho; parece um lugar conhecido e ao mesmo tempo desconhecido. Esse fato pode ser explicado porque, na maioria das vezes, o perispírito vai a locais de reencarnações passadas.

No período de sonho, as Entidades espirituais aproveitam para transmitir mensagens que podem ser: esclarecedoras, orientadoras, preventivas e avisos sobre pessoas ou fatos que fazem parte da vida cotidiana do médium. As preventivas trarão avisos contra traições, falsidades ou mesmo decepções psicológicas. Trata-se de um privilégio para aqueles que possuem uma missão mediúnica na Terra, para praticar a caridade.

ALGUMAS PROVIDÊNCIAS QUE PODEM AJUDAR A MELHOR VIBRAÇÃO MAGNÉTICA DURANTE O SONO

Começaremos pelo local onde os Pais ou Mães Espirituais fazem seu repouso noturno.

O quarto deve ter seu teto pintado de branco e as paredes laterais com cores claras, por exemplo, azul-claro e amarelo-claro (mais conhecido como pastel). Até os lençóis devem ser claros, incluindo os cobertores também. Essas recomendações servem para os médiuns em geral. As cores escuras atraem vibrações negativas, diminuindo assim a potencialidade mediúnica. Além disso, entram em uma faixa oposta às vibrações que regem o perispírito dos médiuns, trazendo negatividade para sua aura e para o corpo físico.

Outra coisa que podemos evitar na hora do nosso descanso noturno são as discussões, pois elas abalam o sistema nervoso. Como consequência, teremos um desgaste de fluidos e um não aproveitamento das forças magnéticas nesse período.

COMO FORTALECER SEU ANJO DA GUARDA AO DEITAR E AO LEVANTAR

1 – O médium deverá colocar na cabeceira de sua cama, todas as noites, um COPO DE ÁGUA (ver ilustração a seguir). Esse copo deverá ser de vidro, grande, novo e liso. Pôr um pires branco embaixo do copo e outro na sua boca.

A finalidade da água é proteger o médium no caso de haver uma descarga negativa muito grande durante a noite; devemos alertar que esse fenômeno é raro, mas pode acontecer. Nesse caso, às vezes o copo se quebra ou derrama quase toda a sua água. Porém, se isso não acontecer, o copo água estará intacto pela manhã, então o médium poderá passar para a ação seguinte.

2 – Ao se levantar, o médium deve tomar quase metade da água, em seguida fazer uma prece para seu Anjo da Guarda e pedir por todos os seus familiares.

A água que sobra deverá ser jogada fora, colocando-se outra na noite seguinte.

3 – Após sua prece o médium poderá, então, comunicar-se com as pessoas. O médium não deverá falar com qualquer pessoa antes de ter tomado sua água.

Quanto ao lar do médium, deve ser defumado (limpo espiritualmente) pelo menos a cada 30 dias. Essa atitude trará vibrações positivas para ele e seus familiares, colaborando para um ambiente harmonioso.

OUTROS DEVERES DO MÉDIUM PARA COM SEU ANJO DA GUARDA

O médium deve ter um lugar tranquilo, de preferência sempre o mesmo, onde, relaxando o corpo, possa fazer preces, elevando seus pensamentos por seus pais, irmãos e doentes em hospitais, para todos aqueles necessitados e, claro está, sem esquecer seu Pai ou Mãe Espiritual.

O médium desenvolvido ou aquele que esteja iniciando, antes de dormir, deve tomar banho para a purificação do corpo.

Esse banho será de água morna para fria, deixando que a água se derrame na sua cabeça, na parte posterior. Aguardará, depois de tomar banho, uns cinco minutos, sem se enxugar. Não deve ter medo de doença, pois a enfermidade se inicia pelos pés, e não pela cabeça.

O médium não deve sair de casa com o estômago vazio. O seu desjejum precisa ser reforçado, para que a matéria esteja sempre fortalecida.

O médium se lembrará, cada dia, de fazer preces pelos espíritos sem luz. Ao sair à porta de casa, antes de pisar na rua, abençoará o seu corpo com o olhar voltado para o céu, pedindo forças a Oxalá.

No dia de trabalhos de incorporação, a alimentação deve ser leve, de rápida digestão. Aconselhamos: sopas, frutas ou legumes, para que não haja mal-estar na hora da incorporação. Faremos uma recomendação importante: 24 horas antes, manter o corpo limpo, ou seja, não manter relações íntimas. Dessa forma, o Guia espiritual não encontrará, na matéria do médium, barreiras para o desempenho de suas funções Astrais Cósmicas.

No dia consagrado ao seu Orixá, é proibido ao médium tomar bebidas alcoólicas, comer carne vermelha, manter relações sexuais, frequentar lugares de influência maligna, etc. Caso contrário, estará sujeito a vibrações negativas do corpo terrestre. O dia consagrado ao Orixá é o dia em que estamos ligados espiritualmente a suas vibrações e suas cores vibratórias.

O médium durante o sono. Repare na posição do copo de água – o para-raios no caso de uma descarga negativa sobre o médium.

DIAS QUE O MÉDIUM DEVE RESPEITAR DURANTE A SEMANA

SEGUNDA-FEIRA

Esse dia determina o início de cada semana; embora seja conhecida por segunda, devemos ter presente que não é o segundo dia, e SIM O PRIMEIRO.

Conforme o nosso calendário, o ano civil se compõe de 12 meses, normalmente com 52 semanas. Com exceção de alguns meses, o regular é que cada mês tenha quatro segundas-feiras.

O dia de segunda-feira, como no dia primeiro de início de nossa vida material e espiritual, dá influências determinadas para os praticantes de Umbanda no campo mediúnico, marcando de forma inequívoca para o ser humano paranormal (médium já desenvolvido ou iniciando-se).

Agora devemos lembrar que a tranquilidade do médium umbandista muito dependerá do que ele semeie com seu Anjo da Guarda, na PRIMEIRA SEGUNDA-FEIRA de cada mês; disso dependerão a fortificação espiritual e, consequentemente, material de paz e a fraternidade do umbandista do plano terrestre ou astral.

A colheita do mês poderá então ser benéfica ou maléfica; reiteramos, portanto, que tudo dependerá da interpretação e do comportamento de cada indivíduo, ao longo dos anos, e isso é incontestável, pois há pessoas que nada fazem, nada alcançam, e outras que em seu sacrifício não medem esforços para respeitar nesse dia o seu Anjo da Guarda e seu Orixá. Essas pessoas muito alcançam, pois ficam completamente fortificadas no decorrer dos demais dias, até finalizar o mês.

No Catolicismo, por exemplo, os padres guardam a segunda-feira como dia importantíssimo; basta nesse dia verificarmos e comprovaremos que às 6, às 12 e às 18 horas, nas igrejas católicas, os padres se reúnem orando ao bom Deus onipotente. Veja-se especialmente em São Paulo, capital, no Santuário das Almas na

Igreja de Santo Antônio, no bairro do Pari; bem como na Igreja dos Enforcados, na Praça João Mendes. Na Bahia, na Igreja do Bonfim; e daí por diante, em outras capitais e cidades do território nacional.

Não só os padres se reúnem, também os indivíduos de várias crenças procuram ir até o santuário para aliviar o corpo e santificar-se, dando tranquilidade e evolução ao Anjo da Guarda. No caso do médium, não adianta escrever ou ler, ele deve procurar especular e, por que não, fazer perguntas ao próprio Sacerdote, para ter convicção daquilo de que necessita fazer e saber. Assim, verificaremos o fundamento das segundas-feiras e, de modo especial, da primeira segunda-feira, quando inicia o mês. Então, poderemos observar que, com diferentes conceitos, o nosso objetivo é o mesmo.

Qualquer que seja, por conseguinte, a crença praticada, o dia de segunda-feira sempre foi e será respeitado por aqueles que acreditam no Criador do Universo, Pai de todos nós, almas em confronto com o universo cósmico. O começo de cada jornada se faz representar por muitas condutas individuais ou coletivas, daqueles que invocam Deus, Oxalá, e devem fazê-lo com humildade, cumprindo a matéria por meio do espírito em compassos perfeitos pela harmonia cerebral, deixando de lado todo e qualquer pensamento maligno ou negativo.

Inúmeras são as informações que poderemos transcrever a esse respeito. Seriam necessárias páginas e páginas para determinar o significado da segunda-feira, e as divergências virão à tona sempre que o ser humano não foi imparcial nem souber dar interpretação à mediunidade no ritual umbandístico nesse dia, pois a matéria não é eterna enquanto o espírito, sim, é, passado, presente e futuro.

Há médiuns praticantes na Umbanda que deixam ou esquecem de fazer importantes e minuciosas purificações espirituais e corporais, e logo após são levados pelo arrependimento por sofrimentos posteriores, isso é um erro enorme. Esse tipo de indivíduo é qualificado como pessoa fraca em matéria de baixo astral, que procura com evasivas reincidir diariamente no erro material, levando dessa forma outros que estão iniciando, totalmente inocentes, que desconhecem o campo mediúnico, pelos caminhos errados.

Na Umbanda, o médium de hoje, seja qual for a determinação racial, continua seguindo o costume dos negros coloniais, os quais nos deixaram uma interpretação parcial astrológica para a segunda-feira, sobre a força exercida pelo nosso satélite natural, a Lua, no planeta Terra.

Pelo exposto, fica reconhecido nas segundas-feiras o verdadeiro médium umbandista, pela sua transformação moral e pelos esforços que faz para domar as más inclinações.

SEXTA-FEIRA

Esse é o grande e consagrado dia que a humanidade dedica com respeito à Fraternidade Universal, ao planeta Vênus, nos quatro cantos do mundo, e comumente nós estamos reunidos em nosso amado território nacional hasteando a Bandeira Branca da Umbanda, reverenciando em único pensamento o grande, onipotente e amoroso Criador do Universo e nosso Pai Oxalá.

Assim, esse sempre será o importante dia de denominação mística dos médiuns umbandistas. Mas quantos são aqueles em nosso querido Brasil que empunham a bandeira de nossa Umbanda, no iniciar dos primeiros minutos de cada sexta-feira, individualmente ou em coletividade, todos concentrados, com uma única finalidade mediúnica perante seus respectivos terreiros em nosso território?

A interpretação dada ao dia de sexta-feira é muito similar à das segundas-feiras; a diferença é que nas segundas-feiras a regência fundamental é provocada pela LUZ (almas aflitas) e, nas sextas-feiras, por Vênus (almas santas). Neste capítulo, ressaltamos anteriormente como fator importante a *primeira segunda-feira de cada mês*. Dentre as sextas-feiras, a principal a ser guardada é a última de cada mês, pois nela, como encerramento do mês, é de bom tom agradecer por tudo aquilo que alcançamos ou pelo que nos faltou conseguir, por falhas cometidas por nós mesmos, por não sabermos dar a interpretação necessária na vivência em uma coletividade, no dia a dia.

Não se faz necessário aconselhar nossos queridos irmãos umbandistas, filhos de santo ou não, começando a seara mediúnica no desenvolvimento e, por que não, também aqueles que frequentam normalmente os trabalhos espirituais de terreiros de Umbanda, nos dias dedicados ao ritual afro-brasileiro.

É de relevante importância o uso de roupas brancas ou claras nesse dia, fugindo de vestuários de cores escuras, pois qualquer homenagem que seja dedicada ao Criador Orixalá será pouca, muito pouca, em relação ao que Ele nos dá no acordar dos nossos dias que vivemos. Não podemos jamais deixar cair no esquecimento o fato de que cada sexta-feira vivida não volta mais, e, por ela não retornar, não nos será válido, posteriormente, lamentar nossos fracassos.

Meus irmãos umbandistas, as sextas-feiras são belas como o planeta Vênus. Se vocês não experimentaram ainda, não deixem de fazê-lo. Ao finalizar das quintas-feiras, para o início das sextas-feiras, levantemos o nosso olhar para o alto e olhemos o céu, faça chuva, névoa, tormenta, etc., ou mesmo luar, crescente ou minguante. Não deixem de pedir forças para vocês, suas famílias e para aqueles que tanto necessitam de saúde nos hospitais, penitenciárias, etc. Enfim, é tão lindo o começar das sextas-feiras, que poderíamos compará-las a um dia de chuva numa tarde ensolarada, com um radiante arco-íris no horizonte (quão maravilhoso é quando chove e, estando nosso corpo coberto pelo arco-íris, tomar um banho de descarga, despidos totalmente de roupas e fazer pedidos ao nosso Grande Arquiteto do Universo). São muitas coisas úteis e benéficas que deixamos de alcançar porque nos levamos ao esquecimento; por isso ainda temos em nossa Seara vários irmãos que ainda não encontraram o caminho, decerto se encontrando no sofrimento, em plenas trevas.

Durante as 24 horas do dia, o indivíduo adepto e praticante procurará resguardar-se de tudo que seja maléfico, tanto física como espiritualmente. Nosso carma muito dependerá do desenvolvimento e progresso mediúnico, bem como da elevação espiritual no percurso dos anos. Para isso, será de grande importância o encerramento da semana, em cada quinto dia, tal como o grande Oxalá, grande mestre dos mestres – nosso Pai Supremo –, determinou que fosse.

Sempre que nos for possível e as condições sejam propícias, colocaremos flores brancas em um recinto determinado da nossa residência em homenagem a todos aqueles que nos dão orientação espiritual.

Jamais poderemos levar ao esquecimento em nossas preces as Almas – Pretos-Velhos, Caboclos e todas as falanges dos espíritos que fecundam o Universo. Não nos esqueceremos também do Cristo, o médium Supremo de todos os tempos.

A PRECE

O valor da prece foi ampla e claramente definido pelos nossos antepassados, ao recomendar que quando orássemos não nos puséssemos em evidência, mas que o fizéssemos secretamente, porque não é pelas muitas palavras que seremos aliviados, mas sim pela fé e pela simplicidade.

O nosso pensamento repercute no fluido universal que, por uma vibração na nossa vontade, se torna seu veículo. A energia corrente desenvolvida estabelece essa ligação fluídica no plano físico, transmitindo o pensamento tal como se transmite o som.

A potencialidade da ORAÇÃO reside no pensamento e não depende das palavras, do local nem do momento em que é feita.

A prece em comum tem uma ação mais poderosa, quando todos os que oram se associam de coração a um mesmo pensamento e objetivo.

A prece destrói as vibrações negativas pela elevação de nossos pensamentos, fazendo nos sintonizarmos com o Mundo Superior.

O médium umbandista deve valorizar a PRECE. Ela é um refúgio em potencial de Forças Positivas. Desagrega os fluidos pesados, restitui-nos o equilíbrio espiritual, aproximando-nos mais de nosso Pai Supremo.

PRECE PARA A SEGUNDA-FEIRA

Ó Oxalá, tu que me libertaste do mal

Tu que nos consola e nos assiste em

todas as ocasiões da existência...
Auxilia-me no dia de hoje em todas
as minhas necessidades, afastando-me
de todo e qualquer perigo que meus
inimigos invisíveis ou visíveis tenham-me
desejado, a fim de me prejudicar em
minha evolução Espiritual e Material,
pois assim eu te peço em nome
das Almas e de todos os Orixás.
Eu me resguardo das impurezas e da
imperfeição no dia de hoje.
Posto-me humildemente diante de ti,
colocando-me ao inteiro dispor de tua proteção.
Que a bênção do Grande Oxalá com
seus SETE DONS recaia sobre mim
e meus familiares.

PRECE PARA A SEXTA-FEIRA

Oxalá, dá-me intuições benéficas,
para que desta forma meus olhos possam
enxerga luz certa, a fim de poder estar
alerta, pois não é meu desejo que meus
inimigos digam que ultrapassei as leis
do Universo.
Enquanto tu, Oxalá, estiveres junto
de mim, não ficarei preocupado com as

tentativas de maldade daqueles que o
mal querem.

Oxalá, com a pronúncia de teu nome,
peço que me salves de todo processo
de maldade que gire em volta de minha
pessoa no planeta terrestre.

Eu sei que tu estás comigo
a cada instante, em qualquer lugar,
dia da semana e hora.

Sei também que com a pronúncia do teu
nome os joelhos de meus inimigos se
dobram em respeito a ti, Oxalá.

Neste dia, todas as tentações afastar-se-ão
de mim, pois eu confio em ti, e te entrego
meu coração e o ser que reina em minha vida.

Todas as lutas e combates são decepados,
entre o mundo, a carne e o diabo, e ficarão
cheios do bem celeste.

Quem quer que invocar teu nome, Oxalá,
será salvo, e o seu Anjo da Guarda ficará
purificado e reintegrado em nossa Umbanda.

PRECE PARA A VIAGEM

Ó grande e poderoso Orixá Ogum,
por mim sejas louvado, junto a tua
falange de guerreiros, com todo o Tempo

e pela duração dos séculos em nosso Planeta.
Ogum, tu que és o executor do que te
ordena Oxalá, para que nos conduza
pelos caminhos da salvação...
Outorga-me, Ogum, a graça de ser beneficiado,
já que tu és poderoso e um dos defensores
do meu Anjo da Guarda.
Protege-me na estrada com tua inspiração
e afasta de mim todo e qualquer perigo
em momentos, que possam existir,
de incerteza nesta minha jornada.
Que nada de mau aconteça aos meus
familiares durante minha ausência
na minha morada. Não esqueças, Ogum,
de que de ti dependo na Seara dos Orixás;
em ti, Ogum, eu irei e contigo, Ogum,
eu voltarei.

Capítulo XI

Obsessões

Um dos perigos mais graves que nos apresenta uma mediunidade mal orientada é justamente a obsessão. É um obstáculo de primeira linha, sobre o qual vamos dissertar, para que, conhecendo e refletindo um pouco sobre o assunto, nos isolemos mais facilmente de tais perigos.

A problemática das obsessões enfoca bem o quanto o médium necessita da humildade para passar, pelo crivo da lógica e da razão, por todo o processo mediúnico, a fim de que seu mediunato tenha realmente a Luz do Criador.

Assim, vamos passar a definir obsessão e mostrar o desencadeamento dos seus vários estágios.

Obsessão, no conceito geral, revela loucura. Mas nós, umbandistas, não interpretamos assim. Sabemos que *são desvios momentâneos e passageiros do equilíbrio psíquico*, que nem sempre ferem a mente. É o império que determinados espíritos inferiores exercem sobre certas pessoas. Apresentam vários estágios:

- Obsessão simples;
- Fascinação;
- Subjugação.

Obsessão simples: É caracterizada pela persistência de espíritos embusteiros, dos quais a pessoa não consegue se desembaraçar.

Nesse caso, o médium é vítima das mentiras de um ou mais espíritos. Mas se ele se mantiver em vigilância, conseguirá, com o tempo, bloquear, frenar a atuação dessa entidade ou entidades.

Para tanto, desenvolverá sua afeição por espíritos sérios, por meio de sua reforma íntima.

Segundo Kardec, em *O Livro dos Médiuns*, não somos obsediados pelo único fato de sermos enganados por um espírito mentiroso. O melhor médium está exposto a isso, sobretudo no começo, quando lhe falta a experiência necessária; como entre nós, as pessoas mais honestas podem ser enganadas por malandros. Assim dizendo, Kardec explica que, às vezes, podemos ser enganados sem estarmos propriamente obsediados.

A *obsessão* se caracteriza, fundamentalmente, pela tenacidade de um espírito enganador, do qual não nos podemos desligar.

Fascinação: Já é uma obsessão de segundo grau. O indivíduo sofre a ilusão produzida pela ação direta de um espírito sobre o seu pensamento, paralisando seu controle no que concerne às comunicações. O médium enquadrado nessa faixa de obsessão não se julga enganado. O obsessor tem a arte de lhe inspirar uma confiança cega. Por causa *dessa ilusão*, o médium aceita as orientações mais absurdas, assumindo uma conduta gravemente comprometedora. O espírito usa habilmente o ardil de inspirar a seu médium o afastamento total das pessoas que poderiam trazê-lo à razão. Não imaginemos que esses casos são apenas suscetíveis de acontecer com pessoas ignorantes. Absolutamente. Pessoas espiritualizadas e inteligentes, por ausência do "*vigiai e orai*" que o Cristo preconizou, para que não caíssemos em tentação, quedam vítimas de tais ardis e influenciações.

A diferença da obsessão simples para a fascinação é que neste último caso a entidade obsessora é profundamente astuta e hipócrita, escondendo-se, para tal fim, sob uma máscara de virtude, ganhando assim a confiança da sua vítima.

Subjugação: Neste caso, o obsediado sofre uma pressão tão violenta do obsessor sobre sua vontade, que fica completamente descomandado. A subjugação envolve dois aspectos:

1 – Moral;

2 – Corporal.

Na *subjugação moral*, o médium assume decisões das mais absurdas, sem se dar conta disso. Por ilusão, julga sensatas todas as suas determinações.

Na *subjugação corporal*, a entidade obsessora opera mais diretamente sobre a parte física do médium. Este chega ao ponto de movimentos involuntários em seu corpo, que o levam aos atos mais ridículos.

Para salientar e discriminar melhor esse tipo de obsessão, conta-se a história de um homem que se via constrangido por uma força irresistível ao se ajoelhar diante de uma moça pedindo-a em casamento, sem ter o menor interesse por ela.

Possessão: Aqui, as influenciações negativas atingem a aberração das faculdades humanas.

É uma forma de subjugação com características mais agressivas.

Esses tipos de obsessões podem ter duas procedências:

a – A obsessão pode ser produzida por espíritos atraídos pelas inferioridades morais da pessoa.

b – A obsessão também pode acontecer como resultado de um trabalho de "magia negra" – *quimbanda Kiumba*. Nesse caso, a entidade ou entidades são mandadas para prejudicar a pessoa.

Normalmente, as obsessões se processam em razão das nossas imperfeições morais. Em outros casos, manifestam a vingança de inimigos desencarnados, cujos sofrimentos que causam se enquadram na Lei de Causa e Efeito. Também podem ser decorrentes de uma mediunidade desenvolvida ou mal empregada.

As obsessões, por imperfeições morais, surgem de duas formas:

a – Por afinidade moral com a entidade obsessora. É equivalente a dizer: ambos possuem as mesmas imperfeições morais.

b – Por afinidade fluídica, quando entre obsessor e obsediado existe a mesma entidade de ectoplasma.

A *obsessão por vingança de inimigos* desencarnados pode decorrer dos seguintes motivos:

a – Alguém que tendo desencarnado aqui na Terra, e que sendo nosso inimigo, aproveita para efetuar suas vinganças contra nós no mundo espiritual.

b – Inimigos de nosso pretérito, que se encontram no astral, ao nos descobrir como encarnados, resolvem aproveitar a situação para melhor planejar suas vinganças.

A *obsessão por mediunidade não desenvolvida* surge quando, havendo mediunidade, particularmente de incorporação, mal orientada ou até abandonada, um espírito qualquer toma conta de nós, produzindo anarquia física e espiritual.

Normalmente, o médium está devendo todas as suas obrigações, não tendo firmado o seu Orixá de cabeça, perde toda a sua segurança espiritual, caindo assim na problemática obsessional.

A *obsessão por mediunidade mal empregada* é consequência que o médium sofre pelo abuso de seus dons mediúnicos, comercialização destes e manifestações.

O salário do pecador só poderá ser o sofrimento. Dói, mas reconduz o filho pródigo à Casa do Pai.

As obsessões, *quanto à sua origem*, ainda podem ter duas causas:

1 – Internas;

2 – Externas.

Obsessão interna: O doente é o obsessor de si mesmo.

É um processo de auto-obsessão, cujas causas podem ser hipertrofia intelectual ou excesso de imaginação, vida contemplativa e misticismo, esforço introspectivo sistemático e todos os tipos de fixações mentais.

O paciente constrói por si e para si um mundo mental divergente, povoado de ideias mórbidas, que se tornam fixas, ou de concepções abstratas e fantasiosas que se sobrepõem à razão, estabelecendo a anarquia no campo mental, deslocando-o do campo das realidades ambientes.

Nesse caso, há o predomínio do subconsciente.

Concluímos, então, que há um *desvio funcional* da mente consciente, com base no *próprio espírito encarnado*, e quando esse desvio ultrapassa as fronteiras toleráveis por todos, o indivíduo passa a ser taxado de demente.

Nesse caso, o equilíbrio pode ser restabelecido com a simples modificação das atividades normais do doente. Elas devem ser orientadas, o mais possível, para o campo das tarefas materiais, mais concretas e objetivas. Faça-se uma substituição de pensamentos.

Obsessão externa: Acontece quando é provocada por agentes estranhos, alheios ao doente. Podem ser:

a – *Diretas*: entidades desencarnadas.

b – *Indiretas:* larvas, formas-pensamento e outras espécies de influenciação telepática.

Em todos esses casos, a perturbação tem duração limitada, e afastada a causa, cessam os efeitos, recuperando a mente, e sua normalidade anterior quase sempre retorna.

Somente podemos considerar *loucura* os casos em que o organismo foi invadido por agentes patológicos, causadores de lesões nos centros anímicos, como doenças infectocontagiosas e traumatismos.

Dessa forma, não se trata mais de obsessão, mas de lesões que impedem a mente de funcionar em ordem. É nesses casos que a *mediunidade curadora* se limita à atenuação do sofrimento.

Nas *obsessões* mais graves, quando a cura é permitida, só se colhem bons resultados quando o doente colabora normalmente, procedendo a um esforço de reabilitação. Do contrário, *os resultados serão passageiros*, porque o obsediado acaba se complicando com o obsessor, perdurando tal situação até depois do desencarne.

Entretanto, *se houver reação*, vão-se desatando aos poucos os laços que prendem o obsessor ao obsediado, acentuando-se cada vez mais a incompatibilidade vibratória dos perispíritos, dando-se, finalmente, a separação entre ambos.

Sabemos das dificuldades existentes na regeneração. Normalmente as pessoas que se encontram nessa situação se afastam, negando-se a ouvir ou a assistir aos trabalhos, a seguir conselhos, levadas pelos próprios espíritos obsessores, que, ligados fortemente aos seus perispíritos, dominam sua consciência, seus pensamentos e atos.

A cura das obsessões requer muita paciência, perseverança e dedicação. São ineficazes certos exorcismos, determinadas fórmulas, porque toda a influência está no ascendente moral do exorcista.

Os obsediados se acostumam com seus obsessores. Durante anos, processa-se entre eles uma permanente troca fluídica, e se forem separados violentamente, podem surgir lesões mais ou menos graves no organismo físico e psíquico. É indispensável ir desligando aos poucos.

A obsessão, por tempo prolongado, ocasiona desordens patológicas que requerem tratamento simultâneo do corpo físico e espiritual, para completo restabelecimento do organismo, do equilíbrio psicossomático.

O *estado obsessional*, em sua fase inicial, tem o nome de encosto. O espírito que interfere é inconsciente e passivo. Em uma fase mais avançada e grave, denomina-se possessão.

Genericamente, todos esses casos são fenômenos de vampirismo.

VAMPIRISMO

Forneceremos breves informações sobre este setor tão sombrio, no qual o obsediado, pelos hábitos cristalizados em que se associou com o obsessor, se torna seu escravo.

Exemplos:

1 – *Vampirismo de Tóxicos:*

Trata-se de fumo, álcool, entorpecentes. Os viciados nessas drogas, quando desencarnam, continuam a sofrer os desejos dos tóxicos e, não possuindo mais o CORPO ORGÂNICO, satisfazem-se vampirizando os viciados encarnados, por meio dos quais absorvem as emanações deletérias dos tóxicos.

2 – *Vampirismo de Energias Orgânicas:*

Espíritos desencarnados, fracos, doentes, sofredores, aderem ao perispírito dos encarnados sugando-lhes as energias vitais, com as quais se retemperam, podendo levar suas vítimas a extremos de esgotamento.

3 – *Vampirismo de Ectoplasma:*

Extraído para materializações de vários fins. Desencarnados absorvem o ectoplasma de pessoas encarnadas, materializam-se, por mais ou menos tempo, durante o qual atuam e executam atividades tenebrosas, das quais se destaca o vampirismo sexual.

Os casos dessa natureza exigem tratamento especial, muitas vezes drástico, para o desligamento da entidade desencarnada.

Finalizando, verificamos que são experiências muito dolorosas as que acarretam o problema de obsessão.

Na medicina espiritual, tal como na medicina científica, também é mais fácil e operante a profilaxia do mal do que a cura dele.

O tratamento profilático por excelência reside, como enfatizamos várias vezes, neste trabalho: *na transformação moral de cada um*, na reforma íntima, que liberta o indivíduo da escravidão das paixões.

Jesus afirmou: "Eu sou o Caminho, a Verdade e a Vida, ninguém vai ao Pai senão por mim".

Aproximemo-nos cada vez mais dos Orixás, por meio de conhecimento mediúnico, médiuns e mediunidade na Umbanda, na PRÁTICA DA CARIDADE.

Todo o esforço que se realizar nesse sentido será útil e meritório, porque estaremos plantando os alicerces de um novo mundo, repleto de felicidades espirituais.

Capítulo XII

Ritual de Umbanda

A prece cantada no repicar dos atabaques é a base da Magia na Umbanda. É por meio do pensamento que o médium canaliza a "Energia Positiva" a nosso favor e daqueles que tanto precisam atualmente.

Na Lei da Umbanda, a prece é revertida em "cânticos" e se reveste de um cunho importantíssimo para a prática da mediunidade na Umbanda, fornecendo um requinte todo especial.

Como afirma Hermes: "No universo nada está parado, nada é fixo, tudo se move e vibra".

Estamos nos referindo a um dos tópicos mais críticos e de maior significação já fundamentados na Lei da Umbanda, os conhecidos "Pontos Cantados" e "Pontos Riscados". Uns e outros fielmente obedecem à Lei da Vibração e à da Correspondência.

PONTOS CANTADOS

São hinos de relevante importância na Umbanda, de evocação a um determinado Orixá ou a falanges espirituais, aos quais pertencem determinadas Entidades. Esses cânticos permitem ao médium manter-se em equilíbrio real e funcionam como verdadeiras preces. Sob suas vibrações, o indivíduo obtém de maneira eficaz a aproximação e a presença de nossas Entidades nos Templos de

Umbanda, conseguindo maior e melhor campo de ação na prática da caridade.

Na hora de invocar os Orixás de Umbanda, esses cânticos devem ter um cunho humilde, vibratório e vir do coração, para, dessa forma, irradiar a corrente mediúnica composta no Templo de fluidos benignos, dando segurança ao corpo mediúnico, sejam estes médiuns de passes ou de consultas, pois o bom funcionamento depende somente do Presidente Espiritual, deste ou daquele Templo de Umbanda.

Todo indivíduo tem sua vibração própria, e nós atraímos esta ou aquela Entidade por intermédio de um toque de atabaques e um cântico que produza vibrações de profundidades reais correspondentes àquela Entidade que se está invocando cosmicamente, para trabalhar ou realizar um determinado evento.

É por meio dessas "Preces Cantadas" invocatórias que os Orixás e Guias fixam as suas vibrações num determinado ambiente, preparando, assim, o campo mental para receber fluidos adequados, objetivando o trabalho espiritual.

PONTOS RISCADOS

Os *Pontos Riscados* representam, por sua vez, o emblema da Entidade que se apresenta para trabalhar. São os verdadeiros sinais de imantação e controle, conhecidos pelos Orixás e Guias Espirituais.

Esses pontos são riscados com *Pemba* – Lei de Pemba –, que é um giz bruto, e representam uma das maiores armas na imantação de certas forças mágicas, não pelo objeto em si, mas pelo valor de seus sinais.

Os *Pontos Riscados* são a grafia celeste, expressam ordens e identificam quem está ordenando. É riscando-os que as Entidades se identificam completamente em seus médiuns de incorporação. Esses sinais riscados são a maior mironga da Umbanda.

Os cabalistas sempre usaram sinais riscados na evocação da Alta Magia, utilizando-se da ciência dos signos e dos símbolos mágicos para a conquista de seus objetivos.

Conclui-se, então, que o médium umbandista tem muita necessidade de conhecimento, para não usar arbitrariamente certas forças ocultas que requerem um manejamento rigoroso e consciente, sem o qual todas as experiências serão perigosas para quem se arriscar.

BANHOS

Desde a mais remota era, os "Banhos" funcionam como veículos de purificação.

Na legendária Índia, pratica-se até os nossos dias esse ritual religioso. As águas do rio Ganges são consideradas "sagradas", porque ali o adepto cumpre o ritual de se banhar, considerado entre os hindus um ato sagrado.

Em várias seitas iniciáticas, os banhos faziam parte da iniciação. Assim, verificamos que entre os essênios essas práticas eram comuns, eles conheciam profundamente as virtudes ocultas das plantas e dos minerais, cujos poderes curavam as doenças do corpo físico e do corpo astral.

Da mesma forma, os banhos, através dos tempos, se afirmaram sendo parte de uma liturgia religiosa.

Sendo o médium um receptáculo de vibrações cósmicas, e estando ele exposto a toda sorte de influências, deve zelar cuidadosamente pela saúde de seu corpo físico e astral.

Por outro lado, o médium deve conservar uma benéfica imantação fluídica, a fim de fornecer às Entidades condições adequadas para as suas manifestações.

Como um aparelho transmissor, dada a situação especial de nosso planeta, que o põe em contato com várias espécies de perturbações, o médium umbandista, já iniciado, deve proteger e vitalizar sua *aura*, promovendo assim a segurança de sua missão mediúnica.

Esses banhos devem ser usados criteriosamente, sob orientação de pessoa preparada dentro da religião, de preferência seu Pai ou Mãe Espiritual. O uso indiscriminado desses banhos torna-se perigoso.

Dentro desse ritual, é preciso levar em consideração a vibração do Anjo da Guarda de cada pessoa e a influência planetária dentro daquela vibração. Como verificamos, é uma verdadeira ciência que devemos respeitar, e não abusar de coisas que escapam ao nosso conhecimento. Há vários tipos de banhos:

1 – *Banho de Eliminação ou Descarga*: Funciona para efeitos de uma "limpeza astral", dissolvendo os maus fluidos, sejam eles provenientes da influência de um obsessor ou produzidos por trabalhos de baixa magia, usados contra nós.

2 – *Banho de Fixação ou Ritualístico*: Utilizado pelos médiuns de trabalho. Serve para vitalizar a Aura Espiritual, fixando no corpo astral fluidos afins às Entidades incorporantes.

3 – *Banho de Elevação ou Litúrgico*: Usado normalmente em médiuns, em estágio superior, que tenham atingido a primeira iniciação. As plantas, as ervas usadas para tais banhos, têm de ser colhidas dentro das horas positivas do planeta que as rege e do qual recebem a sua particularidade.

Também devem ser usadas no seu estado verde, para não perderem as suas propriedades vibratórias.

DEFUMAÇÃO

É um processo místico, que também faz parte de quase todos os rituais religiosos.

As defumações usadas, tais como os banhos, devem ser de acordo com o Anjo da Guarda da pessoa. As ervas secas deverão ser afins ao planeta e à vibração original de cada um.

Apresentamos aqui os casos de defumação de ordem geral, como se processam dentro de nossas casas de caridade. Aí se selecionam ervas secas mais apropriadas à precipitação de fluidos predisponentes à elevação espiritual. Comumente, usam-se o sândalo e o incenso.

Ao generalizarmos esses cerimoniais, contidos na liturgia umbandista, visamos dar aos médiuns uma ideia sucinta do que representam esses rituais, dentro da sua condição mediúnica. Isso funciona como uma informação e, simultaneamente, como uma advertência, para que se aprenda a usar o fundamento das coisas, sem cair no abuso delas; e não sobrarem, depois, tardios arrependimentos. Na Umbanda, meus irmãos, tudo é *mironga*!

Capítulo XIII

Lei da Criação Universal

OXALÁ é a causa primária de todas as coisas. Oxalá é o "SER", logo, é aquele que tem em si tudo quanto basta para existir. A esse grande Arquiteto Universal, Absoluto, Inesquecível, Eterno, que conhece todas as nossas necessidades, ouve o nosso apelo e é sensível às nossas dores, chamamos Oxalá. É o foco em que todos os indivíduos paranormais umbandistas, pela comunhão do pensamento e do sentimento, vão extrair forças cósmicas e inspirações necessárias para poder cumprir o seu destino no plano terrestre.

OXALÁ está em cada um de nós no templo vivo e sagrado do nosso espírito e consciência. Por isso, o nosso CARMA se constitui no mais profundo e belo testemunho, o qual se eleva em favor da existência de OXALÁ. É uma irradiação da Alma Divina. Contém, em estado de embrião, todas as suas potências; seu destino consiste em realizar, em projetar essa centelha de Aura Divina que herdou de Oxalá, o Criador.

Toda a Natureza revela: Providência, Sabedoria e Harmonia. Percebeu-se uma inteligência Suprema e Diretora em tudo que é criado. Todos esses efeitos pressupõem uma causa e essa causa chama-se *OXALÁ*. Assim, pois, em todo mecanismo Universal, OXALÁ não se mostra, mas se afirma mediante as suas obras.

A natureza inteira está imersa no fluido divino. É por essa razão que OXALÁ disse: "Respeitai sempre a Lei do Universo e o Tempo vos mostrará que ela está conosco".

Matéria e Espírito existem desde toda a eternidade, pois OXALÁ é eternamente operante, nunca está inativo.

Espírito é o princípio inteligente do Universo. Ele povoa o planeta Terra. OXALÁ criou os espíritos simples e ignorantes, ou seja, tanto aptos para o bem, como para o mal, a fim de que processem sua evolução por meio do livre-arbítrio.

São três os caminhos que nos conduzem a OXALÁ: Humildade, Sabedoria e Amor. Chegar a Oxalá, pelo caminho da Sabedoria, é chegar a ele por meio do conhecimento intelectual.

Entretanto, a plenitude evolutiva do Espírito só será atingida quando os caminhos do saber e da Fé estiverem equilibrados.

Tudo que existe na natureza, visível ou invisível, pertence ao Criador do Universo e, como tal, está subordinado às suas leis, mas como matéria de estudo, vamos nos focar nas três leis de maior importância. São elas:

a – Lei do Carma;

b – Lei do Retorno;

c – Lei da Criação.

Lei do Carma: É a enunciação da relação da causa com o efeito. Segundo ela, toda ação é uma semeadura de causas que cedo ou tarde produzirão efeitos, que colherá o agente, o atuante responsável. Gerando méritos, o carma individual ou coletivo é bom. Gerando deméritos, mediante atos maus, a infalível colheita será a dor. Essa grande Lei revela ao homem alguma coisa da constituição interior de seu ser e o auxilia, pouco a pouco, a dominar as circunstâncias, em vez de ser escravo delas.

A ciência moderna nos ensina que o Universo inteiro, tudo, é uma expressão de energia. Essa energia modifica-se continuamente mediante o movimento. Transforma-se em Luz, calor, eletricidade e, assim, segue de transformação em transformação.

O indivíduo também é um reservatório de energia. Quando ela é utilizada para uma boa ação, dizemos que faz dela bom uso. Durante toda a sua vida, o ser humano age como transformador. A Energia Universal penetra nele que, por sua vez, a transforma em sete bons serviços ou em ações prejudiciais. Ora, desde que empregamos e transformamos essa Energia, o desejo de Oxalá é que a usemos para impulsionar o seu plano de evolução. Então, devemos ajudar e não obstruir esse plano.

O médium, em particular, deverá aferir seus atos de consciência pelo plano cósmico. Vivendo ele dentro de uma humanidade de milhões de criaturas, e dispondo ainda da sua força mediúnica, sabe que cada pensamento, sentimento ou ato seu afeta cada um de seus semelhantes, no grau de proximidade do recipiente da força gerada.

O médium é, realmente, um centro, um ponto de apoio para a descarga das forças, boas ou más, que gerou. Por isso se diz: "A semeadura é livre, mas a colheita, obrigatória".

Por ocasião do nosso nascimento, todas as nossas forças cármicas, de bem e de mal, são acionadas, e é feito um balanço de nossa bagagem espiritual.

Esse ajustamento é feito pelos "Senhores do Carma". São inteligências benfazejas, que não recompensam nem punem. Limitam-se a ajustar a operação das forças do próprio homem, a fim de que o seu carma ajude a dar um passo na evolução.

A parcela de carma que o espírito traz para queimar, quando da sua encarnação, chama-se destino ou carma de partida, que, segundo os árabes, Deus ata ao pescoço de cada Alma por ocasião de seu nascimento.

Salientamos, entretanto, que dentro desse destino traçado pelo nosso carma há sempre uma parcela de livre-arbítrio, e que a responsabilidade da glória ou do fracasso cabe sempre ao espírito encarnado.

Lei do Retorno: É uma decorrência da Lei do Carma. O indivíduo vem de um passado remoto por meio de sucessivas reencarnações, carmicamente ligado a outros indivíduos, a uma comunidade e até a um povo. É, pois, enviado a renascer onde possa esgotar – dentro do retorno – o que existe de relacionado com essas criaturas. Então a própria hereditariedade, os genes fornecidos pelos pais para o seu corpo físico, o meio ambiente, os tipos de sofrimentos físicos e espirituais, tudo é planejado pelos "Senhores do Carma".

Devemos, entretanto, saber que, dentro da Lei do Retorno, o carma não é totalmente inflexível. Cada um de nós pode amenizá-lo, mediante reações positivas, aproveitando todas as oportunidades para fazer o bem, praticar a caridade, fazendo aos outros aquilo que gostaríamos que fizessem a nós mesmos. Haverá uma remissão, um apaziguamento de nossas dívidas.

Particularmente, quem traz a missão da mediunidade, quando bem praticada, tem muitas oportunidades de refazimento de um passado desajustado, semeando pelo seu devotamento ao próximo um campo de felicidades para si mesmo. O plano para os resgates cármicos é que o espírito aprenda, lutando sempre, por meio de seus sofrimentos, tristezas e angústias, a fim de crescer interiormente para Oxalá, em direção ao seu Arquiteto.

Existem vários laços cármicos. Podem ser Amor, Ódio, de Casta ou de Raça. Compreender o princípio da Lei do Retorno, ou seja, a Lei de Causa e Efeito, é revolucionar a nossa concepção e as possibilidades da vida e de si mesmo.

Há um ser que é Oxalá, que fez um esquema de criação com base em Amor e Beleza, mas no atual estágio de evolução humana esse plano está no Céu e não na Terra. Entretanto, Oxalá espera que um dia a sua vontade seja feita tanto no planeta Terra, como no Universo. Esse é o desejo de seu coração para todos os homens.

Lei da Criação: O homem, coroamento da Criação Divina, realiza sua ascensão espiritual mediante sucessivas vidas, dentro da Justiça Divina, pela reencarnação. Por meio do órgão da mãe, o próprio Oxalá vela sobre suas criaturas nascentes.

A vida e sua Evolução – a ascensão das formas, que se tornam estruturas cada vez mais complexas – são como a mão direita e a mão esquerda do Grande Arquiteto que modela o mundo.

O Enigma do Universo: À medida que o homem caminhar para a sua edificação, após muitas vidas vividas e mortas, em todas as mortes o espírito começará sua carreira como mestre de Sabedoria, como reflexo de OXALÁ, em nosso planeta Terra.

Epílogo

E para finalizarmos as nossas humildes anotações sobre médiuns e mediunidades, dentro da nossa querida Umbanda, nada melhor do que fazê-lo sob a égide de nosso Pai Oxalá, sempre respeitado e amado Mestre.

Mediunidade é sinônimo de caridade. É esse o mandamento maior que Oxalá nos legou, por meio da sua palavra e, particularmente, pelo seu exemplo. O médium de Oxalá sofreu e amou até o extremo de si mesmo. Deu-se por todos nós, em seu eterno abraço de seu amor compassivo.

Será, irmãos, que estamos cumprindo com nossas obrigações materiais e espirituais? Como vivemos dentro da seara mediúnica? Redimindo-nos ou nos condenando?

"A caridade é paciente, é benigna; a caridade não é invejosa, não obra temerária nem precipitadamente; não se ensoberba. Não é ambiciosa, não busca os seus próprios interesses, não se irrita, não suspeita mal. Não folga com a injustiça, mas folga com a verdade. Tudo tolera, tudo crê, tudo espera, tudo sofre. Agora, pois, permanecem a Fé, a Esperança e a Caridade, essas três virtudes; porém a maior delas é a Caridade." (1 Coríntios 13)

A caridade é descrita pelo grande Mestre de nossa história como princípio universal. Não importa se somos ricos de todos os dons, como não interessa qual a crença que pratiquemos, porque todos os caminhos levam a Oxalá.

Imprescindível mesmo é a caridade. Na máxima "fora da caridade não há salvação" está contido o destino do homem, tanto na Terra como no Plano Espiritual.

Sejamos médiuns de OXALÁ, doando ao mundo o tesouro da caridade que flui por meio de nossos dons mediúnicos.

Que o Senhor da Vida nos abençoe, e que cada um de nós se revele digno da confiança do Mestre, que nos incumbiu de, em seu nome, abençoarmos toda a humanidade.

Assim, que no fim de nossa trajetória terrena, a Paz de OXALÁ permaneça sempre conosco, na alegria de nossa missão cumprida.

Irmão Umbandista

Sim, estudaste muito, e bastante
aprendeste, na ciência oculta e
divina, porém tua alma ainda é pueril,
na compreensão do choque da humildade.

Meu irmão umbandista, a humildade, seja merecida ou desmerecida, é uma graça que Oxalá concedeu às almas abnegadas no dever de sua obra de redenção.

As lágrimas que dos olhos caem, em sua corrente morna e cristalina, são a essência viva e divina das almas, que como carícia descem mornas na face, em refrigerante consolo; são a nota acústica das almas ingênuas, cheias de amor e confiança em Oxalá e em suas obras.

Oxalá lhes dá o toque da graça, da humilhação, na sua alegria; dá confiança, no amor aos seus Superiores, e aos seus semelhantes; é a centelha magna que acende nas almas, em suas dores e humilhações, que só lhes restou procurar Oxalá e nada mais.

Humilhação, semblante de mortalha, aos espíritos indagadores da verdade divina, que em parte as almas a ignoram, é o toque celeste para as almas voarem... voarem... libertas, em procura de respostas da Sabedoria Universal.

Oxalá, irmão umbandista, permite a humilhação como nota acústica nos corações; seu toque vibrátil transmite ao paciente, ao ofensor, a fresca e eficaz pungência do remorso. Assim compreenda, umbandista, que a pura confiança se deve somente em Oxalá, o Criador do Universo.

Não chore mais, umbandista, agradeça a Oxalá pela graça recebida, como recompensa e advertência para viver, crer e esperar em Oxalá.

Suas dores e dificuldades familiares vão vagarosamente se afastando.

Deixe Oxalá agir... Não tema. O Vigilante tudo vê, tudo faz e tudo desfaz.

Fraternalmente,

Jamil Rachid

Apêndice

Um Pouco de História...

TEMPLO ESPIRITUALISTA DE UMBANDA SÃO BENEDITO

Ainda adolescente e de calças curtas, com apenas 14 anos de idade, Jamil Rachid (nascido em 12 de janeiro de 1933, em Nova Granada/SP) sentia já no seu ego o desabrochar da mediunidade. Aqueles eram tempos difíceis para a prática da mediunidade na Umbanda, pois as pessoas que frequentavam esse culto faziam-no com medo.

Naquele tempo, as práticas umbandistas, confundidas com bruxaria, feitiçaria e todas as formas de exploração da credulidade pública e do exercício do curanderismo, eram proibidas ou perseguidas arbitrariamente pela polícia. A Umbanda não estava oficializada e as autoridades não permitiam reuniões em locais fechados, como hoje conhecemos sob o nome de *Templos de Umbanda*.

Foi em 1948 que Jamil procurou o sensato e profundo conhecedor de Umbanda, o pai de santo Euclides Barbosa, ex-craque de futebol, o corintiano "Jaú". Na Casa de Santo de nosso irmão Jaú, foi onde Jamil, então moço e desconhecido, magro e ainda criança de tudo, com humildade exemplar, juntando-se à gente adulta, iniciou a sua paranormalidade dentro da ordem e da disciplina da então seita.[1]

No início de 1950, ratificada e comprovada a sua mediunidade, além de possuir um *dom mediúnico* extraordinário, procurava ser perfeitamente disciplinado, não deixando, jamais, de acatar as ordens emanadas de seu mestre. E após dois anos de iniciação, o discípulo humilde sente-se capaz de assumir a responsabilidade de seguir as orientações emanadas de seus próprios Guias, para, dessa forma, subir ao primeiro degrau na prática da espiritualidade, assentando os alicerces do seu próprio Templo e fundando o Templo Espiritualista de Umbanda São Benedito, com apenas 16 anos de idade.

Os elementos mais antigos que, juntamente a Jamil Rachid, começaram a receber os benefícios da "Senzala" de Pai Benedito podem hoje se regozijar plenamente da empreitada, pois Jamil, naquela época, contava só com ele mesmo, seu carma e as forças enormes de seus Orixás.

Dessa maneira, com fé e dedicação, na esperança plena ao Preto-Velho Pai Benedito e praticamente sem dinheiro, iniciou a escalada: na Rua Teodoro Sampaio, nº 774, no bairro de Pinheiros, na capital paulista, com uns miseráveis níqueis que tinha no bolso, comprou um par de caixotes de madeira e, com isso, construiu um humilde congá dedicado às Almas. Tempos bons aqueles – e que não voltarão mais – em que era possível fazer-se alguma coisa com alguns tostões!... Foi assim, dessa forma, que começou a carreira de um dos mais conhecidos babalorixás do Brasil, para não dizer, daqui e do estrangeiro – Jamil Rachid.

Durante meses, Jamil travou uma luta tremenda, sofrendo todo tipo de dificuldades para levar avante a sua missão. Tudo ele aceitava,

---

1. N.E.: Naquela época, a Umbanda era considerada uma seita, e não uma religião, o que somente ocorreu no ano 2000, quando Jamil Rachid esteve representando a Umbanda e as religiões afro-brasileiras na Cúpula da Paz Mundial para o Milênio, na sede da Organização das Nações Unidas (ONU), em Nova York.

Jamil Rachid, quando fazia pesquisas sobre as pirâmides, durante a sua viagem ao Egito em 1970.

Babalorixá Euclides Barbosa, "Pai Jaú", conhecido no Brasil e na América do Sul, quando dirigia sua mensagem aos umbandistas durante os festejos de São Jorge – Ogum, evento realizado no Ginásio do Ibirapuera, em São Paulo/SP.

resignado e paciente. Dificilmente poderemos imaginar o quanto ele suportou naqueles dias; porém, a cada novo obstáculo que lhe apareceria no caminho, Jamil criava mais forças, um homem cuja calma deixava muita gente espantada, pois ele jamais se irritava.

De 1951 a 1955, por força da constância com que se entrega aos trabalhos de mediunidade e dado o carinho com que procurava enfrentar e discernir os problemas espiritualistas, Jamil começou a ver seu trabalho frutificar de maneira promissora. Confirmava-se assim, sem nenhum equívoco, o destino que lhe haviam vaticinado os Orixás.

Em 30 de outubro de 1955, à Rua Santa Efigênia nº 176, em São Paulo, capital, era fundada a "União das Tendas Espíritas de Umbanda" (Uteu) do Estado de São Paulo, fruto do idealismo do Dr. Luiz Carlos de Moura Accioly, o primeiro a trazer seu terreiro de Umbanda do Rio para São Paulo, fundando a União com: tenente Eufrásio Firmino Pereira, Benedito Chagas, Abrumólio Vainer, jornalista Francisco Sinézio, Jamil Rachid, Fernando Kazitas, tenente José Vareda e Silva e José Gabriel da Rocha Mina.

Essa *União*, formada por um pugilo de homens abnegados que abraçavam o ideal umbandístico, entregou-se a uma luta sem tréguas pela existência e vitória da Umbanda. O principal objetivo daqueles tempos dizia respeito à liberdade do culto e ao direito que tinham os umbandistas, como brasileiros, de serem livres, temendo somente a Deus.

Nessa luta, foi-se conseguindo que, finalmente, a Umbanda saísse às ruas e, assim, lhe foi possível organizar suas festas e homenagens aos Guias e às Entidades Espirituais. Uma luta verdadeiramente gloriosa para a história da Umbanda no Brasil.

Aumentando o número de adeptos, aumentou também o esclarecimento da doutrina. Organizaram-se, dessa maneira, os Templos de Umbanda, propagados por meio de Mentores escolhidos.

A UMBANDA HONESTA, DIGNA E CRISTÃ

Nessa época, o engenheiro Dr. Luiz Carlos de Moura Accioly organizava caravanas de diretores da União para visitarem outras Organizações, levando palavras de Amor e Solidariedade humana. Nessa altura, a Umbanda já começava a ser sentida como uma nova força de pressão social, e a sociedade paulista, desnorteada por inúmeros conflitos, que não sabia explicar nem resolver, buscou nos caminhos umbandísticos a resposta para suas angústias.

A bem da verdade, deve-se dizer que muitos foram os exploradores que invadiram nossa seara e tentaram deturpar a beleza da Umbanda, no que foram impedidos pelos diretores da União. Pela primeira vez, então, organizou-se no Brasil um rito litúrgico para a Umbanda, orientado pelos *presidentes espirituais*, que determinaram a formação dos Ritos da Umbanda. Assim se formalizaram as normas para as práticas desde então executadas nos *trabalhos* das Tendas, nas Matas, nas Cachoeiras, no Mar, com o devido respeito para com as Entidades que presidem a Natureza.

Tais normas, impressas em folheto, foram distribuídas pela primeira vez em nosso país na década de 1950, e entregues às autoridades e em todas as Delegacias de Polícia, bem como aos titulares dos bairros e do interior.

O *Ritual de Umbanda* foi aprovado em 20 de setembro de 1957, sendo então presidente da Uteu o Dr. Luiz Carlos de Moura Accioly; vice-presidente, José Gabriel da Rocha Mina; secretário-geral, Fernando Kazitas; 1º secretário, Jamil Rachid; e Conselheiros: Sebastião Veloso, Armando Dias Costa e Antônio Santiago A. Brand.

Logo após, por iniciativa do presidente Dr. Moura Accioly, deu-se início à organização das Tendas de Umbanda, postos médicos, gabinetes dentários e assistência jurídica, inclusive com catequese para os médiuns e assistentes, com esclarecimentos e atendimento aos necessitados, além de distribuição de mantimentos, remédios e roupas aos menos favorecidos.

*Dr. Luiz Carlos de Moura Accioly, fundador da União
de Tendas Espíritas de Umbanda.*

Daí por diante, as autoridades policiais não tiveram mais dificuldade em distinguir o joio do trigo, e a União continuou crescendo, vendo seu prestígio aumentar. No dia 6 de setembro de 1958, o presidente da União entregava a alma ao Criador, subindo para os umbrais da Eternidade. Em seguida, assumiu a presidência dona Almerinda Fraga Abarassu, que muito lutou e trabalhou pela grandeza da Umbanda, não só na capital, mas também no interior do estado de São Paulo.

Enquanto isso, por caminhos análogos, Jamil Rachid continuava no seu labor, aperfeiçoando-se e galgando novos degraus no campo do espiritualismo, aumentando dia a dia seus conhecimentos e se aprofundando cada vez mais no ritual da Umbanda,

Em 1963, a União transfere-se do local primitivo para a Rua Alves Guimarães nº 940, no bairro de Pinheiros, onde emplacava os alicerces do Templo São Benedito (sede própria). Desejando, todavia, alargar os horizontes de sua missão e mergulhar nas raízes da cultura afro-brasileira, Jamil procurou introduzir-se no Candomblé e, em 1960, preparou-se para ser iniciado na Nação *Jeje-Marrim*, com Antônio Pinto (*Tata Fomotinho*), radicado em São João do Meriti, no estado do Rio de Janeiro.

Tata Fomotinho, como era conhecido em todo o território brasileiro, era filho de santo de dona Maria Angoronese (Gaiakú), da Roça Ventura, em Cachoeira de São Félix, Bahia.

No Brasil, foi um dos poucos que conservou a bandeira da Nação Jeje-Marrim, dentro da disciplina e honestidade característica do culto afro-brasileiro.

Os sacerdotes dos Cultos Africanos o respeitavam em razão de sua origem Dahomeana. Ele tem mais de 600 filhos de santo espalhados por todo o Brasil e cerca de 5 mil netos.

Em 1960, Tata Fomotinho preparou três indivíduos para serem recolhidos, os quais já tinham criado responsabilidade como médiuns, em São Paulo, e possuíam seus próprios templos, dentro da doutrina da Umbanda. Todavia, estavam plenamente conscientes de que, ao serem iniciados na cultura afro-brasileira, tinham de começar novamente a partir do ponto zero, pois ainda que tivessem grandes conhecimentos dos princípios da Umbanda, nada tinham com respeito aos do Candomblé, por mais que as duas se aproximem.

Daí, após diversos dias de iniciação, os três *yaôs* foram preparados, inicialmente, para enfrentar o umbral dos conhecimentos trazidos pelos *jejes* ao Brasil. Três médiuns de idade madura, portanto, responsáveis pelas provas que se aproximavam: EDÉCIO PEREIRA DA SILVA (Dofono), JAMIL RACHID (Dofonitinho) e OTÁVIO BASTOS (Fomo). Três eram os *yaôs* recolhidos e três os Orixás representativos de um só Santo – Obaluaiê.

Mesmo após ter sido iniciado no Candomblé, Jamil não mudou o *Ritual da Umbanda*, que continuou praticando no Templo de São Benedito, tal como antes. Por que ele não mudou? Meus irmãos, Jamil sabe o que faz. E tem plena consciência disso.

Na época atual, todo mundo é barbeiro e raspa a cabeça (em nossos dias é mais fácil raspar a cabeça do que trocar um paletó; o comércio anda descontrolado e o Candomblé caindo vertiginosamente, pois os antigos já se foram; numa palavra, o negro ensinou ao branco muito pouco, e nesse pouco não lhe ensinou a cobrar... coisa que o branco vem fazendo, vivendo de pura e simples imitação).

Esse moço, Jamil, atingiu um clímax sem abusar de seus conhecimentos, pois ele tinha ciência de que, como sacerdote iniciado, devia obedecer a essas regras emanadas de seu guardião Obaluaiê; mandamentos, na escalada firme e segura, Jamil alicerça-se de maneira firme e segura. Ele seguiu as normas impostas a um sacerdote. É fácil comprovar e verificar que muitos são os elementos iniciados no Candomblé que se marginalizam, e são contados com a palma da mão aqueles que verdadeiramente procuram ajudar (eu não posso dar o que não possuo, nem emprestar o que não tenho; e quantos existem que dizem estar dando alguma coisa, quando, na realidade, dão e tomam).

Erros enormes são cometidos por má orientação e interpretação. Em capítulos anteriores, foi citada uma frase – "dar tempo ao tempo" –, pois os fundamentos da cultura africana são ilimitados e não é em sete, 14 ou 21 anos que se aprende. Hoje, o indivíduo acredita que frequentando terreiro após terreiro, aprendendo os cantos, etc., já é um Pai Espiritual ou coisas do estilo.

A ignorância das pessoas não as exime de cumprirem suas obrigações, coisa que muitos não desejam discutir e preferem esquecer. Dessa forma, ludibriam aqueles aflitos que procuram um ato de caridade, achando "bonito" e interessante um toque de atabaque. Se a vergonha pagasse imposto, muitos não ganhariam para pagar imposto sobre a vergonha. Mas a hora final de cada um chega... E como chega!... Logo mais, não adiantará o arrependimento.

Quanto a mim, posso afirmar com convicção, ratificando longos anos de convivência com Jamil, que ele até hoje guarda com respeito e carinho os axés e fundamentos litúrgicos afro-brasileiros, revertidos na prática da Umbanda, para uma facilidade maior do adepto, já que esta não é tão complexa como o Candomblé. Jamil sabia que nunca poderia, de maneira alguma, ultrapassar os limites que lhe foram transmitidos pelo seu Pai Espiritual, Tata Fomotinho, durante os meses em que esteve recolhido.

Não tenho pretensão, a estas alturas, de falar sobre Candomblé. Mas muitos farão a si mesmos uma pergunta: Como Jamil, de Candomblé, pratica a Umbanda em seu templo? Essa pergunta já foi feita muitas vezes a ele mesmo, e ele, repetidas vezes, tem respondido. Mas, para aqueles que não o conhecem, ou temem interrogá-lo, Jamil faz a comparação entre as duas religiões:

> "Meus irmãos, o Candomblé praticado hoje no Brasil tem muitas divergências e pouco entendimento nos que atingem a fraternidade entre si mesmos. Pois a cultura africana possui uma riqueza enorme, e os escravos trazidos para o Brasil, dos diferentes pontos do continente africano, eram acorrentados sem distinção de nacionalidade. Misturados e

acorrentados, eles não se entendiam entre si, pois falavam línguas diferentes. Entre as diversas nações vindas como escravas para o Brasil, duas se destacaram das demais nos meios candomblecistas de Salvador e suas redondezas: as nações *Jeje* (ou Gege) e *Nagô*. O tipo de negro africano pertencente a essas duas nações, já por si, era muito desconfiado; eles não se misturavam e só davam seus ensinamentos objetivos àqueles descendentes diretos.

Até hoje, nessas nações, quando se cantam e se tocam os atabaques, invocando os Orixás, torna-se muito difícil identificar os toques, mesmo para aqueles que os conhecem; e atualmente são muito poucos os capazes disso (o raciocínio é simples; por exemplo: neto de japonês não sabe, espontaneamente, falar ou escrever japonês; por mais que os parentes o ensinem, forçosamente acabará esquecendo, pois no convívio social com o meio brasileiro ele não vai falar e escrever japonês, mas sim o português). Assim, hoje, num terreiro Nagô, canta-se Angola e vice-versa.

Mesmo sem levantamentos mais minuciosos podemos observar, atualmente, que os descendentes dos negros ex-escravos trazidos para o Brasil, que se procuraram nos dar algum conhecimento, nem sempre o fizeram cem por cento. Pois, após a libertação dos escravos (13 de maio de 1888), estes só tinham um pensamento: uns, ganhar tempo perdido, galgar, portanto, uma posição social que antes não lhes fora permitida; outros, retornar ao lugar de origem, de onde foram trazidos os de idade mais avançada. Outros procuraram ajudar os mais moços, atônitos com a liberdade alcançada subitamente e cujo valor talvez não soubessem avaliar, nem aplicar. Qual seria o jeito de se aproximar do ex-senhor "branco", com a humildade usual, para, em curto espaço de tempo, aprender rapidamente os usos e costumes dos brancos?

Dessa forma, faziam-se trocas de conhecimentos, e o branco sabia que os negros, tanto o ex-africano escravo como os nascidos no Brasil, tinham muita coisa importante a ensinar, e que a cultura afronegra era rica. Assim, os ex-senhores se aproveitavam também dessas trocas.

O conhecimento do branco em relação aos usos e costumes do negro não chegava, talvez, a vinte por cento. Essa porcentagem de conhecimentos que o branco procurou tirar do negro, já faz muitos anos, estacionou, não evoluiu. Os candomblecistas do presente ficaram, assim, enraizados no passado, não acompanharam a evolução contemporânea, pois hoje, em pleno século XXI, ainda querem viver as práticas do Candomblé dos tempos coloniais.

Em alguns lugares, ainda se cultivam algumas tradições com certa autenticidade, como na Bahia, mas no restante do território nacional e nas grandes capitais, isso é quase impossível. Em São Paulo, por exemplo, ou no Rio de Janeiro, em lugar das matas virgens o que encontramos é a mata de concreto e cimento armado, que não permite uma irradiação cósmica normal. Nesses lugares, vive-se um sistema de vida desumano, na permanente correria para uma subsistência cármica, de modo que pouco tempo sobra à pessoa, se é que sobra algum.

Por conseguinte, para a prática deste ritual conhecido como Candomblé, só haverá oportunidades ótimas para o indivíduo despido de toda a vaidade, sem cobiça financeira, capaz de renunciar a uma série de ambições, para se dedicar de corpo e alma ao sacerdócio, fugindo para lugares ermos, onde possa praticar o ritual em liberdade e goze do prazer de transmitir ensinamentos sem preconceitos de raças, pois dentro do próprio Candomblé, ainda hoje, existem conflitos por motivos raciais e diferenças de classe com base na posição econômica do sujeito".

Pai Jamil, recém-chegado da sua feitura de santo, com seu Zelador, o babalorixá Tata Fomotinho.

Como fomos dizendo, podemos afirmar categoricamente que Jamil Rachid respeita esse culto e se dedica plenamente àquilo que aprendeu em outras décadas como *yaô*, a fim de poder chegar a ser um verdadeiro sacerdote dos cultos afronegros de uma "nação" tão complexa e difícil, como a Jeje. Por essa razão, conhecedor que é dos problemas atuais do ser humano, no dia a dia de nossa vida, procura reverter todos esses conhecimentos na Umbanda, pois Jamil sabe que hoje não é mais como outrora, e que o indivíduo não deve fazer iniciações se para isso não está preparado. Jamil procura ser objetivo em suas funções, dando sempre todo o apoio que seu carma lhe permite a todos aqueles que o procuram, como intermediário de Obaluaiê no plano terra-cósmico.

Por seus reconhecidos méritos em prol da Umbanda, Jamil, em 1967, assumiu a presidência da União de Tendas Espíritas de Umbanda, por ocasião do afastamento de dona Almerinda, então doente. Assim decidiu a assembleia extraordinária da Uteu, em reunião do mês de julho daquele ano. Apesar de suas múltiplas preocupações materiais e espirituais, Jamil não recusou o cargo, disposto a dar continuidade ao ideal plantado em 1955 pelo fundador, Dr. Luiz Carlos de Moura Accioly. Desde essa data, o novo presidente foi o centro propagador de uma série de ampliações e de novos conhecimentos litúrgicos da Umbanda, para todos os frequentadores e adeptos, não só no Brasil, mas também no exterior.

Em 1967, sob a gestão de Jamil Rachid, a diretoria mudou a sede da entidade para a Rua Alves Guimarães nº 940, onde novos horizontes foram abertos para a Umbanda, inclusive no que tange ao maior campo de ação da Uteu, que passa a se chamar UNIÃO DE TENDAS ESPIRITAS DE UMBANDA E CANDOMBLÉ DO ESTADO DE SÃO PAULO. Sem perda de tempo, reorganiza, amplia, leva e eleva aos quatro cantos do território nacional a mensagem da Umbanda brasileira, que chega até Roma, ao Vaticano, quando Jamil se encontra com o Papa Paulo VI, em 1973. Como presidente da União, nos anos de 1970 a 1973, Jamil levou essa mensagem além das fronteiras sul-americanas, ao Oriente Médio, à África, à Inglaterra, à Península Ibérica e à Itália.

Em 1974 foi a vez de percorrer a América Latina, e assim persegue Jamil a sua estrela, abrindo caminhos para a Umbanda na Argentina, no Uruguai e no Paraguai. Na república platina, coube-lhe ser recebido no seio da "ORGANIZACIÓN UMBANDISTA DEL URUGUAY", dirigida pelo mentor e irmão Constantino Gayol. O Uruguai conta, hoje, com mais de 300 templos de Umbanda.

Em setembro de 1975, Jamil apresentou no primeiro Seminário Umbandista do Brasil os rituais de Batismo, Casamento e Encomenda Fúnebre. Todos com certidões expedidas pela Federação, no caso, a União. Os rituais foram aprovados e oficializados.

Em maio de 1976, o primeiro grupo de Pais e Mães Espirituais recebeu seus certificados, por terem participado das aulas ministradas por Jamil, na sede da União. Esse trabalho tem sua continuidade até os dias atuais; novos grupos vão se formando, recebendo instruções e considerados aptos a realizarem em seus Templos casamentos, batizados e encomendas fúnebres.

No Brasil, o êxito alcançado pela Umbanda se traduz na maneira como são comemoradas as solenidades em honra a São Jorge – Orixá Ogum –, cuja festa ocorre anualmente, com a presença de milhares de pessoas de todos os pontos do país.

No estado de São Paulo, a solenidade é prestigiada pela presença oficial de representantes da Assembleia Legislativa, da Câmara Municipal e de autoridades civis e militares dos mais altos escalões. Registraram-se, inclusive, presenças impressionantes de pessoas vindas da África, da Europa, do Oriente Médio, sem falar de outros estados de todo o Brasil.

Tal acontecimento, chamando a atenção da Secretaria de Turismo do Estado de São Paulo, levou esse órgão a oficializar a festa, hoje incluída no Calendário Turístico oficial do Estado.

Um fato a ressaltar: Jamil não se deixa abater pelas responsabilidades assumidas, nem pelos fatos novos que sobrevêm em suas atividades místicas. Assim, com o falecimento do general Nélson Braga Moreira, presidente do Superior Órgão de Umbanda, assumiu a vaga deste, durante os anos de 1976 e 1977, tendo sido eleito em assembleia da diretoria.

Durante a sua presidência, deu nova ênfase àquele órgão, unificando as Federações Paulistas de Umbanda e ampliando com maiores vibrações a festividade anual que se realiza na Baixada Santista, dedicada por todos os umbandistas à Iemanjá – "Rainha do Mar".

Durante anos, Jamil acalentou a ideia de transmitir de forma simples, aos médiuns umbandistas e ao povo em geral, o que foi a Umbanda e o que é hoje em realidade. Com muito sacrifício, e sem apoio, sozinho na luta em prol da mediunidade, assessorado por amigos jornalistas, iniciou outra jornada, nova para ele, fundando a Empresa Jornalística ARUANDA, que a partir de 1976 editou, mensalmente, um jornal simples, mas bem informado, que instruía e deleitava os umbandistas. Durante os anos de sua

Ocasião em que Jamil Rachid ministrava aulas aos seus médiuns em fase de desenvolvimento.

edição, o jornal recebeu os mais francos elogios de tantos quantos lhe folhearam as páginas.

Em 1979, para alegria geral, uma nova surpresa, que veio como justo tributo a esse homem lutador da cultura espiritual: os amigos lhe comunicam que viria de Roma alguém para lhe entregar a Comenda de Cavaleiro de São Jorge, que lhe foi outorgada por sua fé manifesta e profunda em São Jorge – Orixá Ogum.

Em janeiro de 1985, mais uma alegria, em virtude de seu trabalho de expansão como presidente da União de Tendas Espíritas de Umbanda e Candomblé do Estado de São Paulo, atualmente com subsedes em quase todos os estados brasileiros. Em Assembleia Geral, foi aprovada unanimemente que a Federação passasse a denominar-se UNIÃO DE TENDAS DE UMBANDA E CANDOMBLEÉ DO BRASIL.

Hoje, além de inúmeras atividades e compromissos assumidos na Vida Espiritual, Jamil não deixa de continuar atendendo, normalmente, nas sessões semanais à Rua Alves Guimarães, 940 – no bairro de Pinheiros, na capital paulista. Ajudado por uma equipe preparada por ele mesmo, para socorro espiritual dos que o buscam, como ontem e como sempre, jamais se recusa a trabalhar para aliviar o sofrimento do próximo.

Da direita para a esquerda, em pé:
José Rachid (pai de Jamil Rachid) e Pai Jamil Rachid.
Sentados: à direita, Salomão Rachid (avô de Pai Jamil);
à esquerda, Rosa Barchete Rachid (avó de Pai Jamil)

VALE DOS ORIXÁS

Ao falarmos sobre a mediunidade, ressaltamos a importância das forças de natureza no fortalecimento mediúnico. Cada elemento da natureza traz sua força e vibração.

À medida que participamos de rituais espirituais em harmonia com a natureza, fortalecemos nosso corpo físico, nossos chacras e conseguimos transmitir nossa energia aos nossos familiares.

Capela de Obaluaiê – Vale dos Orixás

Com o progresso das cidades, fica cada vez mais escasso um lugar que reúna água e mata e que seja seguro para ser utilizado. Pensando em todos os prós e contras, surgiu a ideia de se ter um local que reunisse natureza e segurança. Com a ajuda dos Orixás e entidades, encontramos o lugar apropriado.

Assim surgiu o Vale dos Orixás, com seus 21 alqueires, em Juquitiba/SP. É um lugar totalmente voltado para a realização de rituais destinados a reforçar a mediunidade, ofertar agrados às correntes espirituais com as quais os Templos de Umbanda trabalham. As casas de cultos afros (Candomblé) também se beneficiam do espaço.

Os Orixás são forças da natureza, e lá contamos com vasta mata virgem e uma bela cachoeira.

Cruzeiro (A Fonte da Luz Divina) – Vale dos Orixás

O Vale nasceu da necessidade de um lugar seguro onde se possa trabalhar com tranquilidade e segurança. Com cada Entidade ou Orixá tendo seu local próprio: Reino de Oxalá, Reino de Xangô, Capela de Obaluaiê, Templo de Santa Bárbara (Iansã), Cachoeira (Reino da Oxum) e o Cruzeiro (A fonte da Luz Divina), que é, na verdade, um ponto muito importante de energização. Foi desenhado e construído segundo orientação espiritual.

Reino da Oxum – Vale dos Orixás

Templo de Santa Bárbara – Vale dos Orixás

Em meio à natureza, o Vale conta com vários salões cobertos onde os Templos fazem seus trabalhos e comemorações, e um Salão Nobre para festejos maiores promovidos pelas organizações que administram o Vale.

No Salão Nobre são realizados, atualmente, a Abertura do Ano Espiritual, em janeiro; Homenagem a São Jorge, no mês de abril (último domingo); e a Festa da Oxum, em agosto.

O Vale é um local muito importante para toda a comunidade umbandista e candomblecista, construído por membros da comunidade religiosa e orientado por seu Presidente.

Contamos com a colaboração de Pai Demétrios Domingues, na época Presidente da Associação Paulista de Umbanda, que unida à União de Tendas de Umbanda e Candomblé do Brasil, tendo como Presidente Pai Jamil Rachid, faziam a manutenção do local e divulgação.

Festa em Homenagem a São Jorge – Vale dos Orixás

Foi de muita importância a colaboração da diretoria da União de Tendas e da Associação Paulista de Umbanda para que o Vale dos Orixás se tornasse uma grande realidade.

Em abril de 2019, na homenagem a Ogum, consagramos o local onde será construído o Templo de São Jorge da Capadócia, cuja construção está em andamento. Trata-se de mais um lugar de grande vibração dedicada ao nosso Patrono da Umbanda.

O Vale dos Orixás está localizado na Estrada Cachoeira do França, 200, Bairro dos Ferreiras, Juquitiba/SP.

Missiara

Caro Leitor

Esperamos ter alcançado nosso objetivo, esclarecendo muitas questões importantes relativas à Umbanda, religião que atualmente se expande pelo Brasil, pela América Latina e em outros continentes. Principalmente dando a você, que é médium, a oportunidade de aprofundar conhecimentos sobre seus dons.

Uma mensagem aos irmãos espiritualistas

"A morte é a chave de ouro que abre o palácio da eternidade." A jornada de cada homem é de esplendor em esplendor, de oitava em oitava, e por meio das muitas moradas da casa do nosso Pai Oxalá.

Quando você passar para a próxima dimensão da vida, verá e será visto. Reconhecerá parentes queridos. Possuirá todas as faculdades como indivíduo. Quando entrou neste mundo, você foi recebido por mãos carinhosas que tomaram conta de você; foi afagado, mimado, acariciado.

E, como ocorre neste plano, ocorre em todos os planos. Você encontrará parentes queridos que o iniciarão nas atividades da próxima dimensão da vida no campo astral.

Babalorixá Jamil Rachid